공적 연금

김도형

도서출판
해남

공적 연금

초판1쇄 인쇄 2023년 10월 23일
초판1쇄 발행 2023년 10월 27일

저 자 김도형
발행인 노현철
발행처 도서출판 해남

출판등록 1995. 5. 10 제 1-1885호
주 소 서울특별시 마포구 마포대로8길 9 영명빌딩 405호
전 화 739-4822 **팩스** 720-4823
이 메 일 haenamin30@naver.com
홈페이지 www.hpub.co.kr

ISBN 978-89-6238-809-1 93320

이 저서는 2021년 대한민국 교육부와 한국학중앙연구원(한국학진흥사업단)을 통해 K학술확산 연구소사업의 지원을 받아 수행된 연구임(AKS-2021-KDA-1250002).

머리말

2021년 여름 서울대 조영준 교수께서 한국의 경제 발전사에 관한 다양한 주제를 아우르는 온라인 강의의 한 꼭지를 맡아달라고 제안하셨다. 그 결과 '한국의 사회 정책'이라는 강의가 SNUON과 K-MOOC를 통해 제공되었는데, 이 책은 그 강의의 주요 토픽 가운데 공적 연금, 인구 고령화, 노인 소득 빈곤 등 사회적 현안에 대하여 더 넓은 독자층을 겨냥하여 쓴 결과물이다. 공적 연금은 국민연금뿐 아니라 공무원연금과 같은 이른바 특수직역연금을 포함하고, 때로는 기초연금과 같은 비기여형 연금을 포함하기도 하지만, 지면의 제약으로 인해 대표적인 기여형 노령연금인 국민연금에 초점을 두었다.

다양한 사회 정책 가운데 공적 연금을 선택한 데에는 몇 가지 이유가 있다. 우선, 공적 연금제도는 한국을 포함한 대다수 선진국에서 건강보험과 함께 지출 비중이 가장 큰 단일 정부 프로그램이다. 이러한 중요성에도 불구하고 공적 연금에 대한 일반인들의 이해는 상당히 부족한 편이다. 이는 부분적으로 연금제도가 금융, 노동, 인구, 재정, 복지를 아우르는 복잡성을 갖기 때문인데, 재정학 또는 사회복지학 교과서조차 연금제도에 대한 다소 피상적인 서술에 그치고 있다.

둘째, 인구 고령화와 노인 빈곤은 오늘날 한국 사회에서 가장 중요한 정책 이슈인데, 이 둘은 공적 연금과 밀접한 관련이 있다. 공적 연금 도입의 지연이 오늘날 노인 소득 빈곤의 주요 원인이며, 국민연금 지속 가능성 확보가 향후 노인 소득 빈곤 완화에 중요하다는 점을 강조하고자 하였다. 또한 인구 고령화가 사회 정책 운영에 갖는 함의와 대응 방안을 논의하고자 하였다.

셋째, 공적 연금, 특히 국민연금은 전 국민을 포괄하는 프로그램인 만큼 한국 사회의 대다수 노동 인구와 노령층에 영향을 미친다. 보험료율, 급여 산식, 연금수급연령, 소득심사 등 언뜻 전문적 세부 사항에 불과해 보이는 많은 공적 연금 조항들이 사람들의 현재와 미래의 노동, 저축 등과 같은 중요한 경제적 선택에 영향을 미친다.

마지막으로, 공적 연금은 동시대인뿐 아니라 미래

세대의 삶에까지 영향을 미치는 장기 사회 계약이다. 공적 연금이라는 주제를 통해, 과거 우리 사회의 선택이 오늘날 우리의 삶에 어떻게 영향을 미쳤는지, 그리고 같은 이유로 오늘의 선택이 미래 세대의 삶에 어떤 영향을 줄 수 있는지를 드러내고자 하였다.

요컨대, 이 책이 공적 연금, 특히 국민연금에 관심을 가진 독자들에게 짧은 안내서 역할을 할 수 있기를, 그리고 나아가 한국경제의 역사를 연구하는 것이 오늘날 우리에게 어떤 의미가 있는지 되짚어 볼 수 있는 작은 기회가 되길 바란다.

저자는 2014년 한국개발연구원(KDI) 재정복지정책연구부에 참여하면서 공적 연금을 연구하기 시작하였다. 이후 일일이 나열하기 어려울 만큼 많은 KDI의 훌륭한 동료, 선후배님들로부터 큰 도움을 얻었다는 사실을 밝혀둔다. 바쁘신 와중에도 원고를 꼼꼼히 읽고 건설적인 조언을 베풀어 주신 윤석명(보건사회연구원), 이태석(KDI), 최용옥(중앙대), 허은정(서울시립대) 선생님께 깊은 감사의 마음을 전한다.

2023. 9

김도형

차례

머리말 i

차례 v

들어가며: 당면한 도전 1

1 공적 연금제도

연금의 경제학 13

공적 연금 18

2 국민연금

국민연금 개관 29

국민연금의 탄생 42

국민연금의 변천 59

3 문제의 원인

노인 소득 빈곤의 원인 71
국민연금 장기 재정 불안의 원인 82

4 대응

국민연금의 지속 가능성을 높이는 제도적 조정 97
노인 소득 빈곤을 완화하는 제도적 조정 118

나가며 125

참고문헌 129
찾아보기 133

들어가며: 당면한 도전

일본인 경제학자 나리타 유스케의 도발적인 주장이 최근 세계적으로 주목을 받은 적이 있다. 예일대 경제학과 조교수로 재직 중인 그는 2021년 말 한 온라인 뉴스 인터뷰에서, 인구 고령화의 심화로 인해 증대되는 근로 계층의 경제적 부담을 어떻게 해결할 수 있는지에 대한 질문을 받고 다음과 같이 대답했다. "유일한 해결책은 꽤 분명하다고 느낍니다. 결국에는 노인들의 집단 자살과 집단 할복 아닐까요?"(Abema Prime 2021. 12. 31)

이런 극단적인 발언의 근저에는 생산성이 낮은 노인들이 일본 사회를 지배하고 있어 유능한 젊은 이들이 활동할 공간이 부족하다는 인식과 그에 따른 청년층의 좌절감이 깔려 있다. 나리타 교수는 한국 못지않게 나이의 많고 적음을 따지는 일본 사회를 연령에 따라 권력과 자원이 배분되는 노인지배사회(gerontocracy)로 규정함으로써 사회적 금기에 도전한 것이다.

일본이 직면한 재정 문제는 인구 고령화로 빠르게 불어나는 공적 연금 지출 재원 조달의 어려움과 부분적으로 그로 인해 누적된 과도한 정부 부채 등을 포함한다. 지식인이 현실적인 대응책을 제시하기는커녕 노인 혐오를 직설적으로 드러냈다는 점에서, 일본 사회 내에서 수많은 질타가 쏟아졌다는 사실은 놀랍지 않다. 최근 나리타 교수는 자신의 발언이 경솔했음을 인정하면서도, 그 진의가 왜곡되었다고 밝혔다. 나리타 교수의 메시지는 정계와 재계의 리더 자리를 움켜쥐고 있는 노인들이 물러나고 젊은 세대에게 자리를 내주어야 한다는 점이고, 집단 자살은 '은유'에 불과하다는 것이다(Rich and Hida, *New York Times*, Feb. 12, 2023).

이 에피소드는 인구 고령화에 비롯된 문제가 얼마나 큰 사회적 갈등, 특히 세대 간 갈등을 촉발할 수 있는 시한폭탄인지를 잘 보여 준다. 성장 과정에서 한국이 모방해 온 일본이 처한 현실은 한국의 가까운 미래라고 해도 과언이 아니다. 한국은 아직 인구 고령화의 정도가 일본이나 서유럽 선진국들에 미치지 못함에도 불구하고, 공적 연금의 장래 전망은 일본을 포함한 다른 선진국들에 비해 결코 더 밝지 않다. 이

|그림 1| **노인 자살률, 1990~2019년**

(단위: %)

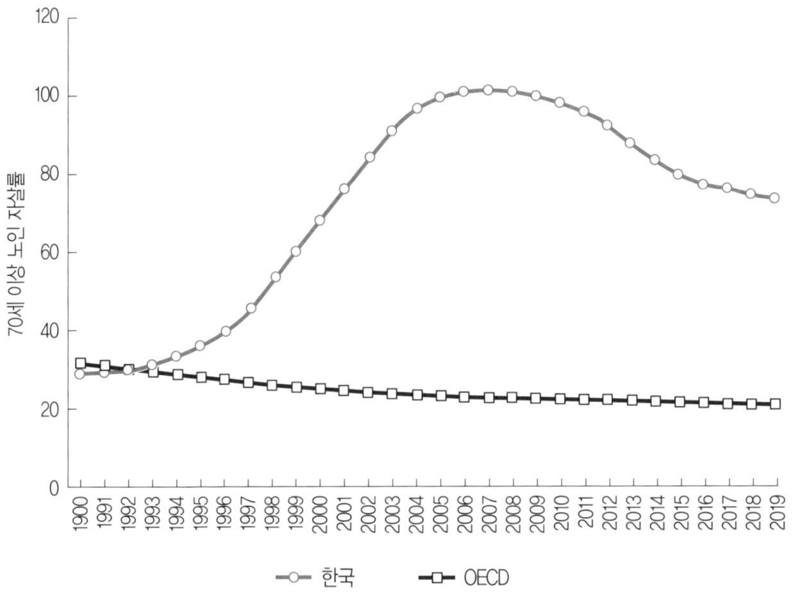

주: 노인 자살률은 70세 이상 노인 10만 명당 자살자 수.
자료: IHME(2019).

러한 사실은 국민연금 장기 재정 불안이 단순히 인구 구조에 따른 기계적 결과가 아니며, 일본과 비교하더라도 과거 우리의 사회적 대응이 부적절하였음을 시사한다.

다른 한편, 이러한 기사를 접한 일부 한국 독자는 나리타 교수의 은유가 한국에서는 은유가 아닐지 모른다는 점에 생각이 미쳤을지 모르겠다. 그림 1은 70

세 이상 노인의 자살률을 국가별로 보여 준다. 녹색으로 나타낸 원은 한국, 검은 네모는 OECD 회원국 평균을 나타내는데, 노인 자살률은 대다수 선진국에서 낮은 수준이고 추세적으로 감소하는 반면, 한국에서는 2007년까지 빠르게 증가하였고 지금도 여전히 여타 선진국의 4배 수준에 이르고 있음을 알 수 있다. 한국 고령 남성의 자살률은 특히 높아서 동일한 척도로는 다른 국가들과 함께 표시하기 어려울 정도이다.

예외적으로 높은 노인 자살률은 일부 고령 집단의 극심한 빈곤과 밀접한 관련이 있을 것으로 추정되는데, 한국의 노인 소득 빈곤이 예외적으로 심각하다는 사실은 잘 알려져 있다. 그림 2는 국가별 인구 전체의 소득 빈곤율과 65세 이상 고령층 소득 빈곤율을 함께 표시한 것이다. 녹색으로 나타낸 점은 한국, 검은 점은 여타 OECD 회원국의 빈곤율을 나타낸다. 이를테면 우리나라 인구 전체의 소득 빈곤율은 미국과 유사한 수준인 반면, 고령층의 소득 빈곤율은 미국의 거의 두 배에 이르며 선진국들 가운데 가장 높다.

그렇다면 65세 이상 인구의 44%, 즉 340만 명에 달하는 한국 노인들은 도대체 왜 유독 소득이 적을까. 우리가 노인 빈곤 대신 노인 '소득' 빈곤이라는 용

|그림 2| **노인 소득 빈곤율, 2019년 OECD 회원국**

(단위: %)

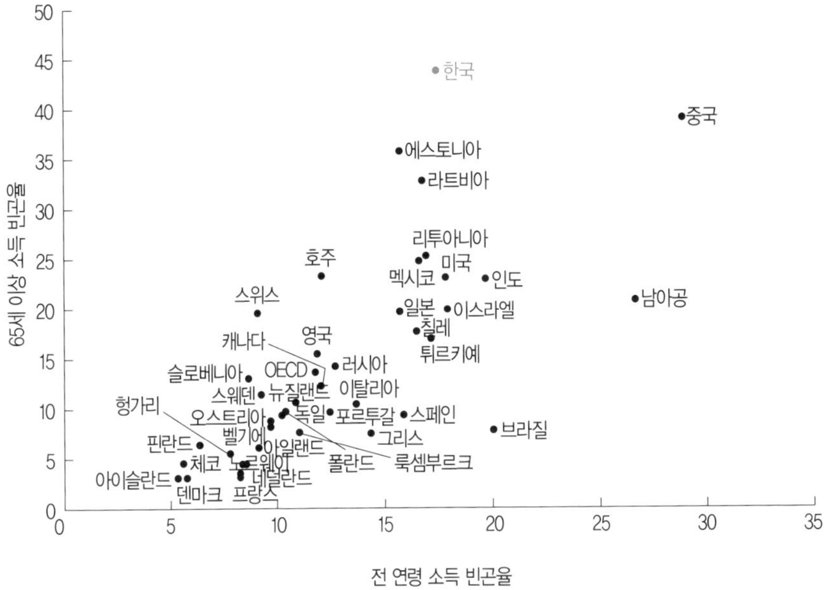

주: 고령층은 65세 이상을 의미함.
자료: OECD Income Distribution Database(September 2019 version).

어를 사용했음에 주목할 필요가 있다. 사실 노인들이 과연 가난한가를 따지려면 소득뿐 아니라 자산을 함께 보아야 한다. 이를테면 서울 강남의 고가 아파트에 자가 거주하는 노인은 아무런 소득이 없더라도 빈곤층으로 보기 어렵다. 반대로 아무런 재산이 없다면 월 소득 397만 원인 노인 단독 가구도 기초연금을 받을 수 있다(최옥금 2023).

불행히 개인이나 가구가 보유한 자산에 대한 정보는 국가 간 비교가 가능할 만큼 충분하지 않다. 소득에만 국한하여 비교하면, 노인 소득 빈곤율이 낮은 구미(歐美) 선진국과 노인 소득 빈곤율이 높은 한국의 가장 큰 차이는 연금 소득의 유무이다(이용우·이미진 2014). 구미 노인 가구 소득의 대부분은 노령 연금이며, 특히 공적 연금 급여가 중요하다. 반면 많은 한국 노인들은 연금 수급권이 전혀 없거나, 있더라도 연금 급여가 적다.

연금을 흔히 연금 자산으로 표현하기도 한다. 연금 수급권을 일정한 소득 흐름을 발생시키는 자산으로 보아, 특정 개인이 보유한 연금 수급권의 자산 가치(pension wealth)를 계산할 수 있다. 이처럼 자산 관점에서 보면, 구미 노인들은 노후를 위한 자산을 연금 형태로 보유하고, 한국 노인들은 주택 형태로 보유하고 있는 것이다. 결국 한국 노인들이 왜 소득 빈곤에 처해 있는가라는 질문은 한국 노인들은 왜 연금 자산이 없거나 적을까라는 질문이 된다.

다른 한편, 한국은 연금 수급자들이 받는 급여가 비교적 적기 때문에 자연히 연금 지출 규모도 작다. 그럼에도 불구하고 한국의 공적 연금 재정이 부실

|그림 3| **국민연금 부과 방식 비용률 전망, 2023년 제5차 재정계산**

(단위: %)

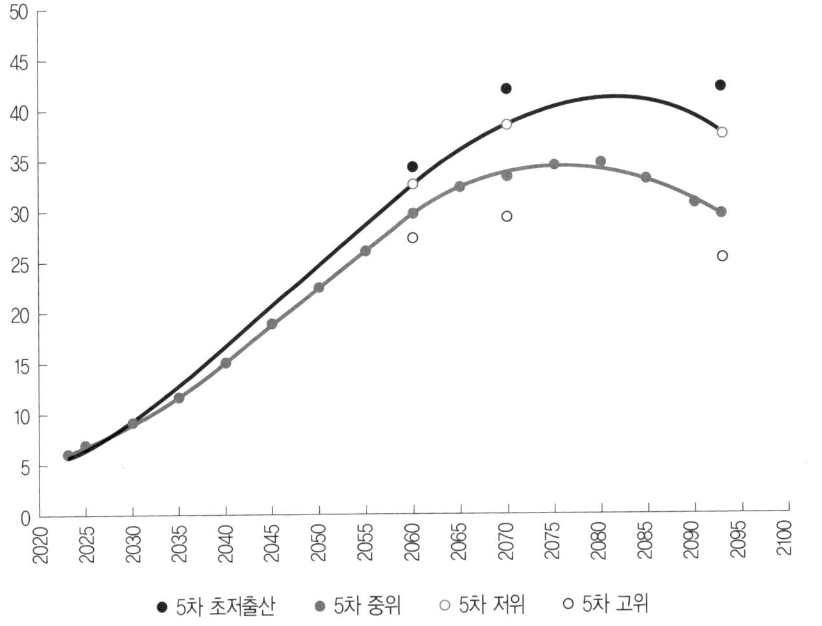

주: 부과 방식 비용률은 부과 대상 소득 대비 연금 지출의 백분율로 정의됨. 추계 중위 가정은 인구, 경제변수 등에 관한 기본 가정, 고위 가정은 낙관적 가정, 저위 가정은 비관적 가정, 초저출산은 출산율 최저 수준 가정을 의미함.

자료: 국민연금재정계산위원회(2023).

하다는 점은 언뜻 수수께끼처럼 보인다. 그림 3은 대표적 공적 연금인 국민연금의 부과 방식 비용률 전망을 보여 준다. 부과 방식 비용률은 간단히 표현하면, 국민연금제도에 변화가 없다는 가정하에 보험료 수입만으로 연금 수급자를 위한 지출을 충당하기 위해서 근로자의 월급에서 보험료를 얼마나 떼어야 하는지를 나타낸 것이다.

2023년 9월 발표된 국민연금 제5차 재정계산 결과에 따르면, 국민연금은 인구, 거시경제변수 등에 관한 중위 가정하에서 2055년 기금이 소진됨에 따라, 그 이후에는 순전히 보험료 수입만으로 연금 지출을 충당할 것으로 전망된다. 이 경우 부과 방식 비용률은 2060년 약 30%, 2070년 33%가 된다. 특히, 초저출산이 향후에도 지속될 경우 비용률은 40%가 넘을 것으로 예상된다. 이는 쉽게 말해, 미래의 근로자, 아마도 독자의 자녀들은 국민연금제도 유지를 위해 월급의 30%가 넘는 금액을 부담해야 함을 의미한다.

이 책의 목표는 오늘날 노인 소득 빈곤이 왜 심각한지, 공적 연금 재정 전망은 왜 어두운지, 그리고 이를 해결하기 위해 무엇을 해야 할지를 독자들이 이해하도록 돕는 것이다. 지면의 제약으로 인해 공적 연금을 대표하는 국민연금만을 다루었지만, 공무원연금 등 여타 공적 직역연금들도 국민연금 못지않게 심각한 재정 문제를 안고 있다(국회예산정책처 2020).

이 책에서 강조하는 점은 오늘날 우리가 처한 문제가 공적 연금에 관한 과거의 집단적 선택이 누적된 결과라는 것이다. 마찬가지 이유로, 공적 연금에 관한 지금의 선택은 긴 미래에 걸쳐 우리의 삶에 영향을 주기 때문에, 초장기적 시계를 갖고 그 설계 방식을 신중하게 선택해야 한다.

그간의 좋지 않은 선택을 반복하지 않기 위한 다양한 정책 대안이 사회적으로 논의되고 있다. 여기서는 효과적이면서 필수적인 대안과 그렇지 않은 것을 구분하는 데 초점을 맞춘다. 그러나 무엇보다 공적 연금을 살리는 방향으로 제도의 조정이 필요하고, 이를 미룰수록 나중에 정확히 그만큼 더 큰 대가를 치루어야 한다는 점을 우선 밝혀둔다.

1

공적 연금제도

연금의 경제학

공적 연금

연금의 경제학

노령보험

연금제도의 핵심은 노령보험(old-age insurance)이다. 노령보험은 위험 기피적인 개인(거의 대다수)이 고령으로 인한 재무적 위험에 대응하는 금융 계약이다. 고령자가 직면하는 재무적 위험은 근로소득 위험과 수명 위험으로 구분할 수 있다.

근로소득 위험은 노후 벌이의 불확실성, 특히 노후에 건강 악화 등으로 발생할 수 있는 소득 상실 가능성을 말한다. 개인이 직면하는 또 다른 불확실성은 자신의 사망 시점에 관한 것이다. 이를테면 특정 출생 코호트에 속한 한국 여성의 60세 기대여명이 n년이라는 사실은 어렵지 않게 알아낼 수 있지만, 이것은 평균적인 이야기일 뿐이다. 해당 출생 코호트에 속한 누군가는 60+n세보다 더 살고 누군가는 덜 살 것이다. 이를 수명 위험이라고 부르는데, 이것은 개인 입장에서 중요한 문제이다. 자신의 정확한 사망 시점을 미리 알 수 있다면, 그 시점에 모든 자산을 소진하도록 소비하는 것이 본인에게 최적이다. 그러나 자신의 예상보다 더 오래 살게 된다면, 노후 자산을 소진하고 빈곤에 빠질 수 있다.

노령보험은 불확실한 노후가 어떻게 전개되더라도, 다시 말해 불행히 노후 근로소득이 사라지거나 혹은 불행이든 다행이든 노후 자산을 소진할 만큼 오래 살게 되더라도, 본인의 과거 소비 수준을 꾸준히 유지할 수 있도록 돕는다. 물론 불확실성을 줄이는 거래에는 대가가 따르는데, 그것은 아래 설명하는 바와 같이 은퇴 시점에 즉시연금 구입을 위해 지불하는 보험료(목돈)이며, 노령보험 가입자라면 보험료를 정기적으로 납부하기 위해 근로 기간에 포기해야 하는 비교적 소액의 소비 지출이다.

노령보험은 저축과 즉시연금(annuities)을 결합한 상품으로 이해할 수 있다. 노후 소비를 위해서는 일차적으로 현재 소비의 희생, 즉 저축이 불가피하다. 이를 기간 간 소비 평탄화(intertemporal consumption smoothing)라고 부른다. 그런데 본인이 언제까지 살지 알 수 없기 때문에 여기에 더해서 수명 위험을 분산할 필요가 있다. 이러한 자기 수명의 불확실성 문제는 저축해 둔 자금으로 즉시연금을 구입하여 해결할 수 있다.

즉시연금이란 은퇴를 앞둔 가입자가 보험사에 보험료로 목돈(이를테면 5억 원)을 지불하고 여생 동안 매달 일정한 소득 흐름, 즉 연금 형태로 보험금(이를테면 매월 200만 원)을 수령하는 보험 계약이다. 보험료가 클수록, 기대여명이 짧을수록 보험금은 커진다. 은퇴 시점 자신이 직면하는 여명에 관한 상태(state)가 간단히 두 가지 중 하나라고 해보자. 1/2의 확률로 장수(30년)하거나 1/2의 확률로 조기 사망(10년)하는 것이다. 이러한 집단의 평균 기대여명은 20년(1/2×30+1/2×10=20년)이고, 즉시연금은 개인이 평균 기대여명만큼 생존한다고 가정하고 보험료에 따른 보험금을 산정한다. 여명의 불확실성에 따른 소득 불확실성에 직면한 개인이 그러한 계약을 체결하면, 오래 살든 일찍 죽든 자신이 살아 있는 동안에는 확실한 소득을 얻을 수 있다. 이를 기간 간 소비 평탄화와 대비하여, 상태 간 소비 평탄화(inter-state consumption smoothing)라고 표현할 수 있을 것이다.

여기서 즉시연금이 시장에 공급된다는 보장이 있는지 따져 볼 필요가 있다. 보험사가 충분히 많은 즉시연금 가입자를 무작위적으로 확보할 수 있다면, 기대여명보다 더 사는 사람과 덜 사는 사람 간에 지출이 상쇄되어 즉시연금을 공급하는 보험사 입장에서도 수명에 관한 불확실성이 사라진다.• 가입자 수가 충

위험 모으기(risk pooling): 위험은 특이 위험(idiosyncratic risk)과 체계적 위험(systemic risk)으로 구성된다. 인플레이션이나 기대여명의 추세적 증가와 같은 체계적 위험은 분산할 수 없지만, 특이 위험은 충분히 많은 개인들을 한 데 모음(pooling)으로써 분산할 수 있다.

대수의 법칙

예컨대, 1940년생 인구 전체의 60세 기대여명이 e^{60}년이라는 것이 알려져 있다고 하자. 1940년에 태어난 특정 개인 i의 60세 기대여명은 코호트 평균 기대여명과 오차항의 합, 즉 $e_i^{60}=e^{60}+u_i$로 나타낼 수 있다. 보험사가 1940년생 가입자 N명을 모은 경우, 이 특정 집단의 60세 평균 여명은 $\sum_{i=1}^{N} e_i^{60}=\bar{e}$로 쓸 수 있다. 이때 만약 N이 충분히 커지면($N \rightarrow \infty$), $\bar{e}$는 e^{60}으로 수렴한다($\bar{e} \rightarrow e^{60}$)는 것이 대수의 법칙이다.

분히 많아질 때, 특정 집단의 평균이 기댓값으로 수렴하는 것을 대수의 법칙(law of large numbers)이라 부르는데, 그러한 원리가 보험 가입자 집단의 수명에 적용될 수 있는 상황이라면, 보험사 입장에서도 즉시연금 계약은 상당히 안정적인 사업이 될 수 있다.

결국 노령보험은 저축과 즉시연금을 결합함으로써, 위험 기피적인 개인이 고령에 수반되는 재무적 위험을 체계적으로, 손쉽게 관리할 수 있는 장기 금융계약으로 이해할 수 있다. 특히 노령보험은 위험 기피적인 소비자와 보험사 모두에 이득이 될 수 있기 때문에 노령보험 계약을 통해 사회 후생은 증가한다. 만약 어떤 이유에서 즉시연금은 있지만 노령보험 계약은 존재하지 않는 상황이라면, 위험 기피적인 개인이 본인 스스로 저축, 투자, 즉시연금 구입을 통해서 노령보험 계약을 체결한 것과 같은 결과를 달성할 수도 있을 것이다.

그러나 일반적으로 노령보험은 그러한 자구책보다 훨씬 더 나은 선택이 될 수 있다. 우선 사회에 막 진출한 청년이 50년 이상의 미래를 내다보고 이를 역산하여 적정한 금액을 차근차근 저축하는 일은 쉽지 않다. 당장의 만족을 채우는 소비를 위해 저축을 포기하거나, 노후를 위한 저축에 성공하더라도 이를 중간에 다른 용도로 소진하는 일은 매우 흔하다. 사람들은 일반적으로 장기에 걸친 일을 계획하고 그 계획을 실천하는 일에 취약하다. 따라서 주기적으로 소액의 보험료를 납입하는 계약은 매우 효과적이다. 그뿐만 아니라 쌓이는 원금을 금융 자산에 적절히 투자하여 불리는 일도 전혀 간단치 않은데, 많은 노령보험은 사실상 투자를 위임하기 때문에 개인에게 편리한 노후 자산 관리 도구가 된다.

한 가지 확실히 해둘 점은 노령보험은 그 자체로는 소득 재분배 수단이 아니라는 점이다. 노령보험의 핵심은 본인의 은퇴 이전 소득 수준을 은퇴 후에도 불확실한 상태(조기 사망 또는 장수)와 무관하게 유지하는 것이다. 노령보험 보험료는 소득에 비례하여 부과되므로, 은퇴 이전 고소득자는 노후에도 비교적 높은 급여를, 저소득자는 낮은 급여를 받게 된다. 기간 간 평탄화(저축)와 상태 간 평탄화(보험)는 개인의 삶에 국한된다. 따라서 전형적인 노령보험은 개인 간 소득 이전을 통해 소수 빈곤층을 돕는, 이를테면 기초연금과는 성격이 전혀 다르다.

공적 연금

표 1에 제시된 바와 같이 우리나라 노령연금의 종류는 다양하다. 시장에서 제공되는 사적 연금에는 퇴직연금과 개인연금 등이 있다. 정부가 제공하는 노령보험은 공적 연금이라고 부르는데, 국민연금은 대표적인 공적 연금이다. 공적 연금과 사적 연금의 가장 중요한 차이는 가입의 자율성이다. 사적 연금은 금융회사와 개인 간의 자발적인 계약으로 이를 임의가입이라고 부른다. 공적 연금에는 법적인 가입 의무(mandate)가 부과되는데, 이를 당연가입이라고 부른다. 사적 연금은 사인 간 계약이므로 강제성이 없다. 따라서 모든 사적 연금은 임의가입이다. 반면 공적 연금은 오로지 국가만이 갖는 능력, 즉 입법을 통해 가입을

|표 1| 우리나라 노령연금의 종류

종류	명칭	공급자	대상
사적 연금 (임의가입)	퇴직연금	직장(기업)	직원
	개인연금(연금저축)	금융회사	일반국민
공적 연금 (당연가입)	국민연금	정부	일반국민
	공무원/사학연금		공무원/교직원
	군인연금		군인
	우체국 등 별정직연금		별정직공무원

주: 개인연금(연금저축)은 금융계약 공급자(은행, 증권사, 보험사)에 따라 연금저축신탁, 연금저축펀드, 연금저축 보험 등으로 구분되며, 정부가 가입을 장려하기 위해 세제 혜택을 제공해 오고 있다.

강제할 수 있다. 물론 공적 연금도 사적 연금처럼 임의가입으로 운영될 수 있다. 그러나 대다수 공적 연금은 당연가입인데, 뒤에서 검토하겠지만 여기에는 뚜렷한 이유가 있다.

대다수 국가에서 노후 소득체계의 근간은 공적 연금이고, 사적 연금은 공적 연금을 보조하는 역할을 담당한다. 여기에는 역사적인 이유와 이론적인 근거가 있다. 우선 역사적으로 노령보험은 상병 급여(sickness benefit) 등과 마찬가지로 광업, 어업 등 고위험의 특수 직군에 한정하여 운영되었다. 그러던 것이 1889년 제정 독일의 공적 연금을 시작으로 블루칼라 근로자 전체를 포괄하는 등 훨씬 넓은 범위의 의무가입 연금제도로 확대되었다. 네덜란드 등 유럽 일부 국가에서는 여전히 사적 연금이 노후 소득의 근간인데, 이는 일찍이 산별노조가 발달하여 노조가 대규모로 노령보험을 운영해 왔기 때문이다. 산별노조가 사실상 국가의 역할을 대신하였던 예외적인 사례로 볼 수 있다(Leech and McNish 2015).

시장에서 공급되고 거래되는 금융상품에 정부가 개입할 필요가 있을까. 여기에는 몇 가지 이론적인 근거가 제시될 수 있다. 당연가입 공적 연금의 고전적 존재 이유는 정보 비대칭성에 기인한 시장실패이다.

정보 비대칭성이란 거래의 한 편이 다른 편이 모르는 사적 정보(private information)●를 보유한 거래 상황을 말한다. 이를테면 보험을 구입하려는 개인이 보험을 통해 보장하려는 위험에 관하여 보험사가 알지 못하는 정보를 갖고 있다면, 보험 시장에 정보 비대칭성이 존재한다고 말한다. 이 경우 역선택(adverse selection)●이 발생하여 보험 시장이 충분히 발달하지 못하거나 보험 상품 자체가 사라질 수 있다.

민간 노령보험 또는 즉시연금은 다른 보험과 마찬가지로 역선택에 취약하다(Finkelstein and Poterba 2002). 즉시연금 시장에서 정보가 부족한 쪽은 보험사인데, 보험사에게 레몬●은 자신의 수명에 관한 사적 정보를

사적 정보: 거래와 관련하여 구매자 혹은 판매자만 일방적으로 알고 있는 정보. 보험 거래의 경우 구매자 본인의 위험 유형이 사적 정보가 될 수 있다.

역선택: 역선택이란 정보가 부족한 거래 당사자(이를테면, 보험사)가 기피하는 거래 상대(이를테면, 중요한 사적 정보를 가진 개인)일수록 더욱 거래를 원하는 상황을 말한다.

레몬: 기피되는 거래 상대를 흔히 레몬, 그 반대를 복숭아라고 부른다.

가진 사람들이다. 예컨대, 심뇌혈관 질환, 당뇨, 암에 관한 가족력이 없는 사람들이 즉시연금 시장에서는 레몬에 해당한다. 인구 전체의 평균 수명에 대한 정보를 토대로 설계된 즉시연금 상품은 장수 가능성이 높은 레몬들에게 매력적일 수밖에 없는데, 레몬들만 즉시연금을 구입한다면(즉, 역선택이 발생한다면), 보험사들은 손실을 입을 수밖에 없다. 보험사도 그러한 가능성을 잘 알고 있는데, 만약 이를 고려하여 보험사가 동일한 연금액 지급에 필요한 보험료(가입자가 지불하는 초기 목돈)를 높인다면, 많은 복숭아들이 즉시연금 구입을 단념하게 될 것이므로 역선택은 더욱 심화된다.

이러한 일련의 과정을 역선택 죽음의 소용돌이(death spiral)*라고 부르는데, 역선택으로 인해 종국에 즉시연금 상품 자체가 시장에서 사라질 수 있으며, 이를 시장실패라고 부른다. 이 모든 상황은 개인의 수명을 판단하기 위한 정보가 개인과 보험사 간에 비대칭적이고, 즉시연금 가입이 자발적이기 때문에 발생한다. 이러한 문제를 부분적으로 해결하는 한 가지 방법이 당연가입이며, 당연가입은 오로지 국가만이 입법을 통해 강제할 수 있다. 이 경우 인구 전체의 평균수

역선택 죽음의 소용돌이: '역선택-보험 가입자의 풀 악화-보험료 인상-역선택 심화'의 패턴이 반복되면서 결국 시장이 붕괴되는 과정.

명에 대한 정보만으로도 손실이 발생하지 않는 보험을 설계하는 것이 가능하다.

당연가입 공적 연금의 또 다른 근거는 사람들의 합리성에 한계가 있다는 점이다. 사람들은 일반적으로 장기에 걸친 일을 계획하고 그 계획을 실천하는 일에 취약하다. 많은 사람들이 단기적인 작은 보상을 위해 장기적인 큰 보상을 포기하고, 나중에 그러한 선택을 후회한다. 현재 편향(present bias)[•]이 클수록 노후를 위한 최소한의 저축을 사람들에게 강제하는 메커니즘은 사회 후생을 높일 수 있다. 물론 공적 연금은 노후를 위한 최소한의 저축을 확보하도록 설계되므로, 현재 편향이 적은 합리적인 사람들은 사적 연금의 활용 혹은 비활용을 통해 자신에게 적절하다고 판단되는 수준의 노후 소득을 정할 수 있다.

현재 편향: 현재와 미래의 보상이 상충하는 상황에서 미래의 보상을 경시하는 경향을 말한다. 흔히 쌍곡선형 할인(hyperbolic discounting)과 같은 특정 형태의 선호를 통해 사람들의 이러한 행동을 설명한다.

좀 더 현실적인 관점에서 보더라도, 공적 연금이 사적 연금에 비해 우월한 점들이 몇 가지 있다. 우선 표 2에 제시된 바와 같이, 대다수 공적 연금은 사적 연금과 달리 단순히 노령보험이 아니고 유족보험이자 장애보험이다. 즉시연금과 달리, 공적 연금은 수급권자가 비교적 조기에 사망하더라도 배우자와 미성년 자녀에게 노령연금의 일부가 지급된다. 이러한 유

|표 2| **공적 연금과 사적 연금의 차이**

연금 형태	공적 연금	사적 연금
노령보험	제공	제공
유족보험	제공	미제공
장애보험	제공	미제공
물가 연동	적용	미적용

자료: 저자 작성.

족연금은 배우자에게는 종신으로, 미성년 자녀에게는 성년이 될 때까지 지급된다. 그뿐만 아니라 공적 연금은 가입자가 수급권을 획득하기도 전에 심각한 장애를 입어 더이상 근로 활동이 어려워지는 경우에도 장애 급여를 제공한다. 결국 공적 연금은 노령보험이자 유족보험이자 장애보험이다. 마지막으로 공적 연금은 사적 연금과 달리 연금액이 물가에 연동되어 인플레이션 위험으로부터 보호된다.

공적 연금의 유형

공적 연금은 급여산정 방식과 재원조달 방식에 따라 표 3에서처럼 크게 네 가지 유형으로 구분할 수 있다. 우선 재원조달 방식은 저축이냐 이전지출이냐에 따라 적립식과 부과식으로 구분할 수 있다.

적립식 제도(funded scheme)는 가입자들의 보험료가

|표 3| **공적 연금 조직 방식에 따른 연금제도 유형화 및 주요 사례**

재원조달 \ 급여산정	확정 급여	확정기여
적립식 (funded)	초기 국민연금	영국(개혁 이전) 칠레 등 중남미
부과식 (PAYG)	유럽 대륙, 미국, 일본 공무원/사학연금	NDC (개혁 이후 스웨덴)

주: NDC는 Notional Defined Contribution의 줄임말.
자료: 저자 작성.

적립률: 적립률은 연금제도에서 특정 시점까지 발생한 지급 의무의 현재 가치 대비 적립금의 비율로 정의된다.

실제로 적립되고 금융 자산에 투자됨으로써, 축적된 원리금만으로 미래의 연금 지출이 충당되는 방식이다. 적립식 제도일지라도 적립률•이 100%를 초과하는 경우에만 자체 재원 조달이 가능하며, 적립률이 100%에 미치지 못하는 미적립(underfunded)이 발생하는 경우 결과적으로 원리금 외에 다른 외부 재원에 의존할 수밖에 없다. 반면 부과식(pay-as-you-go: PAYG) 제도는 현 가입자들에게 보험료를 거두어 현 수급자들의 연금으로 지출하는 방식이다. 완전 부과식 제도하에서는 저축이 전혀 발생하지 않고, 근로세대가 일군 자원이 은퇴세대로 이전될 뿐이다.

전통적인 급여산정 방식은 확정 급여(defined benefit: DB)인데, DB형 제도에서는 노령연금 급여가 본인의 생애 평균 근로소득과 가입 기간(보험료 납입 기간)에 일정하게 비례하여 산정된다. 반면 확정기여(defined contribution: DC)형 제도에서는 급여가 기간별 보험료 납입액의 현재가치 총합에 정확히 비례하여 산정된다. 국민연금의 경우 적립식 DB형 제도로 설계되었으나, 현재는 부과식 DB형 제도로 이행 중에 있다.

2

국민연금

국민연금 개관
국민연금의 탄생
국민연금의 변천

국민연금 개관

보험료

국민연금제도의 대상은 크게 가입자와 수급자로 구분된다. 가입자는 국민연금 보험료를 납부하는 사람, 수급자는 국민연금 급여를 지급받는 사람을 말한다. 외국인을 포함하여 국내 거주하는 18세 이상 59세 이하 모든 국민은 기본적으로 국민연금 가입자로 볼 수 있다. 여기서 공무원, 사립학교 교직원, 군인, 우체국 직원은 별도의 공적 연금제도(소위 공적 직역연금)의 적용을 받기 때문에 가입 대상에서 제외된다.

국민연금 가입자는 사업장가입자, 지역가입자, 임의가입자, 임의계속가입자 등 네 유형으로 구분된다. 이들 가운데 분명한 소득이 있는 사업장가입자와 지역가입자는 의무적으로 연금보험료를 납부할 법적 의무를 진다. 여기서 사업장가입자란 1인 이상 근로자를 사용하는 사업장의 사용자와 근로자를 말한다. 근로소득 또는 사업소득이 있는 사람들 중 사업장가입자를 제외한 나머지는 지역가입자가 된다. 주로 비정형 근로자•를 포함한 자영업자 등이 이에 속한다.

비정형 근로자: 비정형 근로자란 1년 미만 근무하는 임시근로자 및 일용근로자(단기간근로자), 근로시간이 통상근로자에 비하여 짧은 근로자(단시간근로자), 파견·도급·용역·호출 근로자, 재택 및 가내 근로자 등을 의미한다. 학습지 교사, 골프장 캐디뿐 아니라 최근 플랫폼 종사자 등 특수고용직이 다수를 차지한다.

18~59세 국민들 중 상당수는 뚜렷한 소득이 없다

|표 4| 국민연금 가입자 구성, 2020년 말

가입자 유형	연령(세)	인원수(명)	비중(%)
사업장가입자	18~59	14,320,025	64.8
지역가입자	18~59	6,898,118	31.2
임의가입자	18~59	362,328	1.6
임의계속가입자	60~64	526,557	2.4
소계	18~64	22,107,028	100

주: 2020년 12월 말 기준으로 작성.
자료: 『국민연금 통계연보』

어 보험료 납부 의무도 없다. 전업주부, 학생, 사병 등이 이에 해당한다. 그 밖에도 국민기초생활보장 수급자 등은 사업장가입자나 지역가입자에 해당하지 않는다. 뚜렷한 소득이 없더라도 보험료를 납부하고자 하는 사람들이 있을 수 있는데, 이들은 본인 의사에 따라 국민연금공단에 신청하여 보험료를 납부할 수 있고, 이를 임의가입자라고 부른다. 60세에 도달하여 가입자 자격을 상실하더라도, 65세까지는 보험료를 납부하여 가입 기간을 늘릴 수 있다. 이를 임의계속가입자라고 부른다.

표 4는 국민연금 가입자의 유형별 구성을 보여준다. 2020년 말 기준 국민연금 전체 가입자 수는 약 2,211만 명이다. 임의가입자 및 임의계속가입자 비중은 전체 가입자의 4%에 불과하고, 보험료 납부 의무가

있는 가입자 비중이 96%를 차지하며, 이들 비중은 사업장가입자 2/3, 지역가입자 1/3이다.

연금보험료는 가입자에게 매월 부과되는데, 보험료 부과 대상 소득은 근로소득이나 사업소득에 국한된다. 보험료는 사업장가입자의 경우 근로소득, 지역가입자의 경우 근로소득과 사업소득(농림어업 소득)의 합에 부과된다.

사업장가입자의 보험료는 사용자의 부담금과 근로자의 기여금의 합으로 구성된다. 사업장가입자는 기준소득월액(근로소득)의 9%에 해당하는 보험료를 사용자와 근로자가 균등 부담한다. 반면 지역가입자의 보험료는 본인이 전적으로 부담하는 기여금이다.

사업장에 고용되어 근로소득이 있음에도 불구하고 보험료를 납부하지 않는 사람들이 상당수 존재한다. 주로 근로자 수 5인 미만의 영세사업장에서 저임금으로 일하는 근로자들이다. 이러한 노동시장을 비공식 부문•이라고 부르는데, 한국의 경우 비공식 부문의 크기가 추세적으로 감소하고는 있으나, 국민연금, 고용보험 등 사회보험• 보험료를 납부하지 않는 임금근로자의 비중이 여전히 18%에 이르고 있는 실정이다(권태구 외 2022).

비공식 부문: 세금이나 사회보험료 등이 부과되지 않고 정부의 보호도 받지 않은 채 작동하는 노동시장. 주로 영세사업장에 집중되고 있다.

사회보험: 노령, 질병, 실직 등에 따른 소득 위험에 대한 보험으로서, 보험료를 납부한 개인에 대하여 정부가 제공한다. 일반 조세를 재원으로 취약계층을 돕는 공적 부조와 구별되는 20세기 사회보장제도이다.

급여

수급자는 가입자나 그 가족 가운데 일정 요건이 충족되어 연금 수급권을 획득함으로써 연금을 받는 사람을 말한다. 국민연금 급여는 크게 연금과 일시금으로 구분된다. 연금은 매월 수령하는 정기적인 급여이고, 일시금은 한 번 지급되는 급여이다. 연금은 다시 노령연금, 장애연금, 유족연금으로 구분된다. 노령연금은 가입자가 수급권자가 되어 받는 급여, 장애연금은 가입자가 장애를 얻어 근로 능력을 상실하였을 때 받는 급여, 유족연금은 가입자가 사망하였을 때 유족의 생계를 위해 지급되는 급여이다. 따라서 국민연금은 단순히 노령보험이 아니고, 장애보험이자 유족보험이다.

반환일시금은 수급권을 얻지 못한 가입자에게 기존에 납부한 보험료를 청산하는 의미로 지급되는 급여이다. 사망일시금은 가입자의 조기 사망으로 반환일시금을 받지 못하거나, 유족의 사망으로 유족연금을 받지 못할 경우 지급되는 장제부조 성격의 급여이다.

표 5에서 보는 바와 같이, 2020년 말 기준 국민연금 노령연금 수급자 수는 약 447만 명으로 전체 수급자의 80%를 차지한다. 유족연금 수급자 수는 84만

|표 5| 국민연금 급여 종류별 수급자, 2020년 말

급여 유형	수급자 수(명)	비중(%)
노령	4,468,126	80
장애	78,079	1.4
유족	841,817	15.1
장애(일시금)	2,904	0.1
반환(일시금)	184,342	3.3
사망(일시금)	12,886	0.2
합계	5,588,154	100

주: 2020년 12월 말 기준으로 작성.
자료: 『국민연금 통계연보』

명으로 노령연금 다음으로 많고, 반환일시금 수급자 수가 18만 명으로 그다음이다. 고령화된 인구 구조에도 불구하고 전체 수급자 수는 560만 명이 채 못 되는데, 가입자 수 2,210만 명에 비해 상당히 적다는 점에 주목할 필요가 있다. 다음 장에서 상세히 검토하겠지만, 여기에는 몇 가지 이유가 있다. 첫째, 1988년 국민연금 도입 이후 불과 30년밖에 지나지 않았고, 둘째 제도 도입 초기에는 수급을 위한 가입 기간 요건이 비교적 엄격하였다는 점, 셋째 국민연금 가입 대상이 점진적으로만 확대되어 왔다는 점 등이다.

수급자격

연금을 받기 위해서는 수급권을 얻어야 한다. 노령연금 수급권을 위한 요건은 두 가지로 가입 기간(보험료 납입 기간) 10년 이상이면서 일반수급연령(이하 NRA)에 도달해야 한다. 표 6에 제시된 바와 같이, 과거 NRA는 60세였으나 1998년 제1차 연금 개혁 이후 지금까지 출생연도에 따라 점진적으로 인상되고 있다. 이를테면 1960년생의 NRA는 62세로 2022년에 수급권을 얻게 된다. 반면 1961년생의 NRA는 63세이므로 2024년에 수급권을 얻게 된다.

앞서 언급하였듯이 가입 기간 요건을 채우지 못한 가입자는 노령연금 대신 반환일시금을 받는다. 수급연령에 도달한 가입자가 매월 받게 되는 노령연금액은 기본연금액과 부양가족연금액의 합으로 산정된다. 부양가족연금액은 배우자 및 미성년 자녀의 수에 따라 정액 지급되며 보조적 급여일 뿐이다. 기본연금액이 중요한데, 그 산식은 수차례 법 개정으로 인해 어느 시기에 보험료를 납부하였는지에 따라 달라진다. 세부 사항은 복잡할 수 있지만 산정 원리는 간단하다. 예컨대, 1999~2007년까지 적용된 기본연금액 산식은 다음의 식 (1)과 같다.

|표 6| 국민연금 노령연금 수급연령

출생연도	노령연금 수급연령(NRA)	조기노령연금 지급가능연령	연기연금 이연가능연령
1952년 이전 출생	60세	55~59세	65세까지
1953~1956년생	61세	56~60세	66세까지
1957~1960년생	62세	57~61세	67세까지
1961~1964년생	63세	58~62세	68세까지
1965~1968년생	64세	59~63세	69세까지
1969년 이후 출생	65세	60~64세	70세까지

자료: 국민연금법.

$$pba_i=0.15(A+B_i)(1+0.05n_i) \quad (1)$$

여기서 pba_i는 수급자 i의 기본연금액, A는 전체 가입자의 기준소득액 평균값, B_i와 n_i는 수급자 i의 기준소득액의 현재가치의 생애 평균, 20년을 초과하는 기여년수이다.

예를 들어, 총 40년간 국민연금 보험료를 납부한 근로자 갑이 전 기간에 걸쳐 이 산식의 적용을 받았다고 가정하자. 또 이 근로자는 전 가입 기간 동안 평균적인 소득을 얻었다고 하자. 이 경우 n_i=20이고, B_i=A이다. 따라서 이 근로자의 기본연금액은 $0.6B_i$ 가 된다. 이는 자신의 생애 평균 소득의 60%에 해당하는 연금을 받게 된다는 뜻이다. 소득대체율은 생애 평균 소득 대비 급여 수준의 백분율로 정의되는데, 이 근로자가 받는 노령연금 급여의 소득대체율은 60%이다.

이번에는 또 다른 예를 들어 보자. 기여년수 40년인 근로자 을의 생애 평균 소득이 전체 가입자 평균 소득의 절반이라고 가정해 보자. 이 경우 $B_i=0.5A$이다. 따라서 이 사람의 기본연금액은 $0.9B_i$이고, 을의 소득대체율은 90%이다.

마지막 예시로서, 기여년수 40년인 근로자 병의 생애 평균 소득이 전체 가입자 평균 소득의 2배라고 가정해 보자. 이때 $B_i=2A$이고 기본연금액은 $0.45B_i$이다. 이 근로자의 소득대체율은 45%이다.

요약하면, 생애 평균 소득이 가입자 평균 소득의 두 배에 이르는 고소득자는 소득대체율이 45%로 낮고, 생애 평균 소득이 가입자 평균 소득과 동일한 평균적인 소득자는 소득대체율이 60%, 생애 평균 소득이 가입자 평균 소득의 절반에 불과한 저소득자는 소득대체율이 90%에 이른다. 이는 국민연금 급여 산식에 내재한 소득 재분배 메커니즘이 빚어낸 결과이다.

$$pba_i=0.15(B_i+B_i)(1+0.05n_i) \tag{2}$$

만약 기본연금액 산식이 식 (2)와 같다면, 국민연금은 급여가 개인의 평균 생애 소득에만 의존하는 완전소득비례 연금이다. 하지만 국민연금 설계자들은 연금제도 내 소득 재분배를 위해 식 (1)에서처럼 가입자 전체 평균 소득 A를 산식에 넣음으로써 세대 내에서 소득을 재분배하고자 하였다.

참고로 산식의 맨 앞에 보이는 계수 0.15가 급여 수준 결정에 중요한 역할을 한다는 점에 주목할 필요가 있다. 이 계수를 지급률(accrual rate)이라고 부르는데, 계수가 클수록 연금 급여 수준이 높아진다. 1988년 국민연금 도입 이후 이 계수는 1998년까지 0.2였지만, 정부는 장기적으로 연금 지출을 억제하기 위해 이를 점진적으로 낮추고 있다. 1998년과 2007년 연금 개혁을 거치면서 적립률은 2020년 0.11로 낮아졌고, 법률에 따라 2028년 0.1까지 하락하는 것으로 계획되어 있다. 적립률 0.1을 기준으로 할 때 국민연금에 40년 가입한 평균 소득자의 소득대체율은 40%이다.

노령연금 수급 이듬해부터 기본연금액은 전년도 물가상승률에 연동되어 그 실질가치가 유지된다. 만약 가입 기간이 20년에 미치지 못하면, 기본연금액은 부족한 매 1년마다 5% 포인트씩 감액된다. 따라서 최소 가입 기간 10년만 채운 경우 노령연금액은 기본연금액의 50%에 부양가족연금액을 더한 액수가 된다.

연령이 NRA에 도달하지 못하였더라도 기여 기간이 10년 이상이고 연령이 (NRA-5)세 이상이라면, 조기노령연금을 받을 수 있다. 건강 악화로 인해 더이상 근로를 통해 생계를 유지하기 어려운 경우 조기 수급은 큰 도움이 될 수 있다. 수급 시점이 빠를수록 수급 기간이 길어지므로 그만큼 급여를 할인하는 것이 일반적이다. 이러한 조정이 없다면 조기노령연금 수급이 노령연금 수급보다 항상 재무적으로 유리한 선택이 될 수 있기 때문에, 결국 건강한 근로자의 조기 은퇴를 유도하는 결과를 초래할 수 있다. 따라서 수급 기간 증가로 인한 이득을 조정한 급여가 지급되는데, 이를 보험계리적 조정이라고 부른다.

국민연금의 경우 수급 시점을 NRA보다 1년 앞당길 때마다 노령연금액을 6% 포인트씩 삭감한다. 이를테면 NRA가 60세인 수급자가 59세에 조기노령연금을 신청할 경우 노령연금의 94%를, 58세에 신청할 경우 88%, 57세에 신청할 경우 82%, 56세에 신청할 경우 76%, 55세에 신청할 경우 70%만 지급된다.

반면 가입자가 노령연금 수급연령에 도달하였더라도 충분한 노동소득을 기대할 수 있다면 연금 수급 시점을 이연할 수 있다. 이 경우 조기노령연금과 반대로 이연 기간 1년마다 7.2%씩 연금액이 가산된다.

소득심사

일반적으로 근로소득이 있는 수급자의 급여를 제한하는 조치를 소득심사(earnings test)라고 부른다. 구체적인 형태는 제도마다 다른데, 국민연금에서는 노령연금의 경우 소득이 *A*값을 초과하면 초과액에 비례하여 급여를 감액하고, 조기노령연금의 경우 지급을 완전히 중단한다. 더 구체적으로, 노령연금 수급권자가 (NRA+5)세 미만이고 *A*값을 초과하는 노동소득이 있으면, 그 초과액에 따라 일정한 감액률에 따라 누진 감액된다. 초과액 100만 원 미만 구간에서는 초과액의 5%, 200만~300만 구간은 15%, 300만~400만 원 구간은 20%, 400만 원 이상 구간은 25%가 적용된다. 이처럼 감액이 적용된 노령연금을 '소득 활동에 따른 노령연금'이라고 부른다. 예컨대, 수급연령 60세에 도달한 수급자의 기본연금월액이 100만 원이라고 하자. A값이 200만 원이라고 할 때, 이 수급자의 월 근로소득이 350만 원이라면, 초과소득월액은 150만 원이 된다. 초과소득월액 100만 원 구간에서 감액률은 5%, 100~200만 원 구간에서 10%이므로, 감액되는 금액은 총 10만 원이 되며(100만 원×0.05+50만 원×0.1), 따라서 소득 활동에 따른 연금액은 월 90만 원이 된다.

외국인

국내 거주 외국인도 내국인과 동일하게 연금 수급 요건을 충족할 경우 연금을 모두 받을 수 있다. 예컨대, 한국에서 10년 이상 일하면서 보험료를 납입한 외국인이 수급연령에 도달한 경우 본국으로 귀환하더라도 국민연금 노령연금을 수급할 수 있다.

외국인의 출신 국가와 한국 간 사회보장협정이 체결된 경우 공적 연금 수급 요건 충족이 쉬워질 수 있다. 사회보장협정은 국내 및 출신국에서 이중으로 부과되는 보험료를 면제하는 보험료 면제 협정(contribution-only agreement) 또는 보험료 이중부과 문제뿐 아니라 가입 기간 합산 문제까지 해결하는 좀 더 포괄적인 가입 기간 합산협정(totalization agreement)으로 구분할 수 있다.

보험료 면제 협정은 사회보험료가 국내외에서 이중 부과되지 않도록 체류국의 사회보험료를 면제해주는 국가 간 합의로서, 한국은 중국, 일본, 영국, 몽골 등과 체결하였다. 가입 기간 합산 협정은 보험료

기여가 양국에 분산되어 어느 쪽에서도 연금을 받지 못하는 상황을 해결해 주기 위한 합의이다. 이를테면 한국의 국민연금 수급 요건은 가입 기간 10년, 베트남의 공적 연금(사회연금) 수급 요건은 가입 기간 20년인데, 한국에서 7년, 베트남에서 15년 근무한 베트남인은 한국과 베트남 어느 쪽에서도 수급 요건을 충족하지 못하게 된다. 하지만 2021년 한국과 베트남 간에 가입 기간을 합산하는 사회보험협정 체결로 인해 이러한 근로자의 가입 기간이 22년으로 인정됨에 따라 한국과 베트남에서 수급 요건을 모두 충족할 수 있게 되었다. 이 경우 근로자는 한국에서 7년 기여에 따른 연금을, 베트남에서 15년 기여에 따른 연금을 모두 수급할 수 있다. 특히, 연금 급여는 해외로 제한 없이 송금될 수 있기 때문에 수급자가 어느 국가에 거주하든 연금을 받을 수 있다. 한국은 베트남(미발효)뿐 아니라 미국, 독일, 프랑스, 캐나다, 스페인, 호주 등과 가입 기간 합산 협정을 체결하였다.

외국인과 해외 거주자들에게 불리하게 적용되는 문제를 완화하는 이러한 조치들을 통해 노동력의 국가 간 자유로운 이동을 보장함으로써, 궁극적으로는 세계 전체의 경제적 효율성이 제고되는 효과를 기대할 수 있다.

국민연금의 탄생

국민연금은 1973년 입법부터 1988년 시행까지 총 14년이 소요되었다. 1974년 시행 예정이던 국민복지연금제도가 시행되자마자 효력이 중지되고 결과적으로 좌초되었기 때문이다. 그러한 실패를 딛고, 국민연금은 결국 권위주의 체제하에서 사회적 합의를 통해 도입되었다.

표 7에 제시된 바와 같이, 우리나라 최초의 공적 연금은 1961년 시행된 공무원연금법이다(이태석 외 2016). 곧이어 1963년 군인연금법이 제정됨에 따라 같은 해부터 군인연금제도가 시행되었다. 1973년에 국민복지연금법과 사립학교교직원연금법(사학연금법)이 제정되었으나, 사학연금제도만 1975년부터 시행되었다. 국민연금제도가 시행된 것은 1988년이다.

이처럼 사회보장제도의 근간인 국민연금 도입이 지연됨에 따라 오늘날 한국은 극심한 노인 소득 빈곤의 대가를 치루고 있다. 이는 공적 연금제도가 모든 정부 프로그램들 중 가장 긴 안목을 요구한다는 점,

|표 7| 우리나라 공적 연금제도 연혁

연도	조치
1960	공무원연금법 제정(1961년 시행)
1963	군인연금법 제정 및 시행
1973	국민복지연금법, 사립학교교직원연금법(사학연금법) 제정
1974	국민복지연금법, 사학연금법 시행 연기
1975	사학연금법 시행
1977	의료보험 당연가입으로 전환
1982	별정우체국법 개정
1983	별정우체국연금 시행
1986	국민연금법 제정
1988	국민연금 시행
1997	국민연금법 개정(1차 개혁)
1999	국민연금 도시 지역 확대 적용(비농업 자영자)
2003	국민연금 후속 개혁(좌초)
2007	국민연금법 개정(2차 개혁)

자료: 각 법령.

그리고 연금제도의 설계 및 초기 선택이 후대에 긴 영향을 미칠 수 있다는 사실을 잘 보여 준다. 이에 대한 자세한 논의는 뒤로 미루고, 국민연금 도입 과정을 논의한다.

1973년 국민복지연금법

1973년 제정된 국민복지연금제도는 종국에 좌초되었지만, 제도적 틀은 상당 부분 1986년 국민연금법에 계승되었다. 국민복지연금법 제정은 급작스러운 면이 있었다. 애초에 정부 내에서 국민연금에 관해 첫 논의를 시작한 것은 사회보장심의위원회(이하 사보심)이다. 사보심은 1968년 양로보험, 즉 한국의 노령보험 도입에 대한 보고서를 처음으로 생산하였지만 노령보험에 대한 논의는 학술적 연구에 머물렀다. 연금제도를 관할하게 될 보건사회부(이하 보사부)는 당시 임의가입 의료보험•을 당연가입으로 전환하는 방안을 정책의 최우선순위에 두었기 때문에 공적 연금 도입에는 미온적이었다. 그러던 중 1971년 설립된 한국개발연구원(이하 KDI) 초대원장 김만제가 적립식 연금제도의 저축증대 효과에 주목하여 공적 연금제도에 관심을 갖기 시작하였다. 10월 유신 직후인 1972년 11월 김만제 원장은 연금제도 도입 방안을 박정희 대통령에게 보고하였고, 이에 대통령이 연금제도 설계를 지시하면서 공적 연금에 관한 법률 제정이 빠르게 추진되었다.

의료보험: 국민건강보험의 전신. 과거 다수의 개별 조합을 중심으로 임의가입 방식으로 운영되다가 1977년 당연가입으로 전환되었다. 2000년에 난립한 조합을 통합하여 단일 보험자 형태의 국민건강보험이 탄생하였다.

적립식 공적 연금의 도입이 저축증대와 경제성장을 유도한다는 주장은 실증적 근거가 결여된 이론적 추측에 불과하였다. 연금제도의 강제저축이 순저축(net saving)으로 이어지려면 자발적인 민간저축이나 정부저축을 구축하지 않아야 할 뿐 아니라, 저축이 늘더라도 그것이 반드시 경제성장을 견인하는 국내 투자로 이어진다는 보장이 없었다. 당시 한국 정부에 중요했던 것은 이론적 관점의 순저축 증대라기보다, 정부 주도 개발전략의 도구로서의 공적 연금 기금이었던 것으로 보인다. 당시 정부가 추진하였던 중화학공업화는 자본집약적인 성격 때문에 대규모 자본 투입이 필수적이었는데, 민간저축이 이에 투자된다는 보장이 없었다. 적립식 공적 연금에 축적될 기금은 국민경제의 순저축 효과와 관계없이 적어도 정부가 원하는 사업에 대규모 투자를 감행할 수 있는 효과적인 도구로 활용될 수 있었다.

이 시기 공적 연금 도입이 일사천리로 준비된 데에는 몇 가지 이유가 있다. 우선 당시 한국의 경제적 형편에서 연금제도는 사치라는 인식이 보건사회부 내에서조차 팽배하였다. 노인부양의 일차적 책임은 가족이라는 전통적, 유교적 인식이 여전히 유효한 상황에서 공적 연금은 필수적이지 않은 경제적 부담으로 여겨졌다. KDI는 이러한 인식에 도전하여 정책담당자들을 설득해야 하였는데, 공적 연금은 사회보장제도이지만 정부재정 지출을 수반하지 않고 적립식으로 설계될 경우, 저축증대와 경제성장의 부수적인 효과를 기대할 수 있기 때문에 매력적인 정책대안이라는 점을 강조하였다. KDI는 경제개발 및 정책수립과 관련한 해외 자문 기관을 대체할 한국의 싱크탱크로 기획된 조직으로, 박정희 대통령은 해외에서 스카우트한 KDI 연구원들을 매우 신뢰하였기 때문에, KDI가 공적 연금제도에 주목하였다는 사실은 국민연금 역사에서 중요한 출발점이 될 수 있었다(국민연금사편찬위원회 2015).

또한 이 시기 한국은 초헌법적 독재 아래에 있었다. 박 대통령은 1969년 대통령의 3선 연임을 허용하는 개헌을 밀어붙여 1971년 가까스로 대통령에 당선되었다. 1972년 10월 박 대통령은 비상조치를 선포하여 입법권, 사법권, 행정권을 모두 장악하고 유신헌법을 제정함으로써 독재를 시작하였다. 당시 유신에 반대하는 시민들의 강한 저항이 있었는데, 박 대통령은 이를 무마하고 독재의 정당성을 확보할 필요가 있었다. 실제로 유신 선포 직후인 11월에 국민연금안이 경제기획원 장관 및 청와대에 보고되었고, 1973년 연두 기자회견에서 박 대통령은 국민연금 도입을 천명하고, 1974년 시행을 지시하였다. 독재하에서 제도 도입이나 정책수립에 사회적 합의는 필요하지 않았고, 독재자의 지시가 반드시 완수되어야 하였다. 정부 부처와 엘리트가 제도를 설계하면, 허울에 불과한 국회의 동의를 얻어 시행하면 그만이었다.

1972년 말 연금제도 설계 당시 KDI안과 사보심안이 경합하였다. 이하에서 설명할 1973년 국민복지연금법은 KDI안과 사보심안이 절충된 결과였다. 세대 내 소득 재분배, 장기 가입자 우대는 사보심안이, 보험료율, 급여 수준, 부과징수체계는 KDI안이 채택되었다.

보험료

국민복지연금은 KDI안에서처럼 근로자와 자영자 모두 의무가입 대상이지만, 저소득 사업장가입자와 자영업자의 보험료 부담이 상대적으로 낮은 것이 특징이다. 사업장가입자(1종 가입자)의 보험료율은 7%로서 사용자가 4%, 근로자가 3%를 부담한다. 자영자(2종 가입자)는 월 900원 이상 납부하면 된다. 국민복지연금 재정은 적립식이지만, 연금 재정적자 발생 시 국고지원이 약속되어 있고, 일체의 관리행정비도 납세자가 부담한다.

급여

급여는 노령연금, 유족연금, 장애연금, 반환일시금 4종으로 구성된다. 노령연금의 경우 60세 이상 20년 이상 가입자에게 수급권이 발생한다. 1973년법에서 1종 가입자이면서 노령연금 수급권자의 기본연금액 산식은 식 (3)과 같다.

$$pba_i^{(1)} = \underbrace{0.2A}_{\text{정액 부분}} + \underbrace{0.2B_i\left(1+\frac{n_i}{25}\right)}_{\text{소득비례 부분}} \tag{3}$$

여기서 A는 전체 가입자 평균 연소득, B_i와 n_i는 수급권자 i의 가입 기간 최종 3년 평균 연소득 및 20년 초과 기여년수이다.

이 산식에 따르면, 40년간 평균적인 소득을 올린 1종 가입자의 소득대체율은 38%이다. 현행 국민연금 소득대체율(40%)과 유사한 수준이다. 오늘날 국민연금의 성격을 결정한 이 급여 산식의 가장 중요한 특징은 개인의 평균 소득(B_i)과 관계없이 0.2A만큼 급여를 보장함으로써, 세대 내 소득 재분배를 일으킨다는 점이다. 급여 산식을 통한 소득 재분배는 당연가입 공적 연금에서만 가능하다. 임의가입 사적 연금이라면 고소득을 기대하는 근로자는 이러한 연금 상품을 선택하지 않을 것이기 때문이다. 1973년법의 급여 산식이 사보심안(또는 현행 국민연금)과 다른 점은 정액 부분(0.2A)이 개인의 기여년수(n_i)에 의존하지 않는다는 점이다. 결국 1973년법은 정액 기초연금과 소득비례연금이 국민연금이라는 단일한 제도 안에 결합된 형태로 이해될 수 있다.

1973년법은 일본 후생연금 구조를 모방한 것이다. 당시 일본, 미국 등을 제외한 거의 모든 선진국 공적 연금은 소득비례연금으로 운영되었다. 세대 내 소득 재분배는 보험료가 아닌 조세를 재원으로 하는 별도의 비기여 연금이나 부조를 통해 달성하였다. 오늘날 기초연금은 그러한 사례이다. 1973년법은 연구자들이 국민연금 설계 시 일본과 미국 제도를 참고한 결과이며, 나중에 1986년 국민연금법으로 이어졌다.

소득심사

1973년법에서는 60세에 도달한 노령연금 수급권자라 하더라도, 60~64세이면서 보수를 받는 업무에 종사하면 급여가 감액되는데, 이것이 오늘날에까지 이르고 있는 소득심사제도의 원형이다. 감액된 급여는 노령연금과 구분하여 재직자노령연금이라고 불렀는데, 재직자노령연금 급여는 보수를 받는 업무에 종사하는 60세 수급권자의 경우 기본연금액의 60%, 61세 50%, 62세 40%, 63세 30%, 64세 20%가 기본연금액에서 감액된다.

소득심사는 연금제도에 관한 상이한 관점이 충돌하는 조항이다. '형평성' 견해에 따르면, 근로자의 수급권이 보험료 납입을 통해 획득한 권리라면, 60세가 넘어서 일하는 사람은 일할 수 없거나 일하지 않기로 결정한 사람과 동등하게 수급권을 갖는다. 반면 '적정성' 견해에 따르면, 노령보험은 불가피한 은퇴라는 불행에 대한 '보험'이므로, 근로소득이 있는 사람은 수급 자격이 없다. 국민연금은 1973년법 이래로 '적정성' 견해에 따라 근로소득이 있는 수급자의 급여를 제한해 왔는데, 최근에는 형평성과 효율성 관점에서 이를 완화하는 추세에 있다(제4장의 자세한 논의 참조).

국민복지연금의 좌초

국민복지연금법 시행이 불발된 원인에 대해서는 여러 가지 가설이 있지만, 예기치 못한 국제정세 변동이 국민복지연금제도를 좌초시킨 가장 중요한 요인으로 보인다. 실제로 국민복지연금제도는 1974년 1월

초까지만 해도 정상적으로 시행될 것으로 여겨졌다. 1973년 12월 국민복지연금법 정부안이 확정되고, 당연적용 의료보험과 실업보험 도입 계획은 자동 연기되었다. 같은 해 12월 말 국민복지연금법이 통과되고, 국무회의에서 시행령이 의결되었다. 1974년 보사부 복지연금국, 국세청 연금징수국이 신설되고, 미국의 사회보장번호(social security number)를 참조하여 개인 식별용 연금번호도 준비되었다. 오늘날 이용되는 주민등록번호 체계는 국민복지연금의 연금번호이다.

그러나 1973년 10월 욤 키푸르 전쟁을 계기로 아랍석유카르텔(OAPEC)이 원유 고시가격을 수차례 인상함에 따라, 유가가 1974년 1월까지 전쟁 이전 대비 약 4배가량 치솟았다(제1차 석유파동). 급격한 유가 상승으로 세계 경제는 불황과 고물가의 이중고에 직면하였다. 이러한 스태그플레이션에서 우리나라도 예외가 아니었다. 1973년 11월부터 물가가 폭등하기 시작해서 연평균 3.4% 수준이던 물가상승률이 1974년 25%에 이르렀다. 1973년 약 15%에 이르던 실질GDP 증가율도 1974년 9.5%로 크게 하락하였다.

유가 상승에서 비롯된 전 세계적 공급 충격에 대응하여 박 대통령은 긴급조치•를 발동하였다. 1972

긴급조치: 1972년 10월 제정된 유신헌법에 규정된 대통령의 권한으로서, 경제위기나 안전보장의 등의 위협이 있을 때 국정 모든 분야에 걸쳐 헌법에 구속되지 않고 내릴 수 있는 명령을 말한다.

년 10월 당선된 박 대통령이 질서유지를 빌미로 유신체제에 저항하는 학생, 근로자, 언론을 탄압하기 위해 1974년 일련의 대통령긴급조치를 발동한 사실은 잘 알려져 있다. 국제정세 불안과 경제위기에 대응하기 위한 또 다른 긴급조치가 있었다는 사실은 덜 알려져 있는데, 1974년 1월 14일 시행된 국민 생활 안정을 위한 대통령긴급조치(대통령긴급조치 제3호)는 국민 부담을 덜기 위해 조세 경감뿐 아니라, 막 시행된 국민복지연금 및 사학연금 효력을 정지하는 조치를 포함한다.

이로써 국민복지연금제도는 도입이 1년간 유보되었는데, 1974년 국무회의에서 국민복지연금 시행 시기를 1976년으로 더 미루면서 1975년에 사학연금만 시행되었다. 1975년 9월에 국민복지연금은 1977년 시행으로 추가 연기되었고, 같은 해 11월 국무회의에서 국민복지연금 시행일을 못 박는 대신 대통령령에 따라 시행토록 하는 법 개정이 의결되면서 국민복지연금제도는 시행이 사실상 무기한 연기되었다.

1975년 12월 신현확 보건사회부 장관 부임 이후 갑작스럽게 의료보험 당연가입제도 조기 시행이 논의되기 시작하였다. 강제가입 의료보험 우선 도입을 원하는 보사부와 국민복지연금 우선 도입을 원하는 경제 부처 간의 의견이 대립하다가 평가교수단이 의료보험 우선 시행을 선택하면서, 1976년 12월 의료보험법 개정안이 통과되고 1977년 7월 당연가입 의료보험이 전격 시행되었다.

의료보험 당연가입은 국민복지연금 도입을 지연시킨 한 가지 요인이었다. 당시 우리나라 의료보험체계에는 다수의 보험공급자가 존재하였다. 그에 따라 제도 시행 과정에서 수많은 민원이 발생하였고, 보사부와 유관부처 행정력이 한동안 이러한 민원처리에 소모된 측면이 있다. 사회보장정책의 초점이 작게는 의료보험 관련 불만 해소, 크게는 강제가입 의료보험의 안정적 정착에 모아지게 되었고, 그 결과 국민복지연금은 자연스럽게 관심에서 멀어졌다.

국민연금의 탄생

1979년 제2차 석유파동으로 인해 한국에 더 큰 스태그플레이션이 닥쳤다. 물가안정과 불황 극복이 최대과제인 상황에서 증세나 다름없는 국민연금 시행은 무리였다. 하지만 1983년경에 물가가 안정되고 경제성장률도 석유파동 이전 수준으로 회복되었다. 1985년 경제기획원과 KDI가 주도하여 연금 개혁안을 논의하였고, 1986년 경제기획원 장관 겸 부총리로 임명된 김만제가 사공일 경제수석과 함께 전두환 대통령을 설득하였다. 대통령은 국민연금 도입 방안과 관련하여 노동계와 재계가 매우 다른 입장을 갖고 있다는 점을 잘 알고 있었다. 그래서 양측 모두의 동의를 얻는 조건으로 국민연금 도입을 승인하였다. 1986년 8월 대통령이 국민연금 도입을 발표하고, 9월에 국민복지연금법 개정안을 확정하였다. 이 법안은 1986년 12월에 국민연금법이라는 새 이름으로 본회의를 통과하였고, 1988년 1월 국민연금이 시행되었다. 1974년 시행 예정이던 국민연금이 14년 뒤 창설된 것이다.

1986년 국민연금법

가입 대상

1973년법에서 가입자를 1종과 2종으로 구분하였던 것과 달리, 1986년법에서 가입자는 사업장가입자, 지역가입자, 임의가입자로 구분하였다. 초기 가입 대상은 10인 이상 사업장의 사용자 및 근로자에 국한되었고 1992년부터 5인 이상 사업장으로 확대 적용되었다.

보험료와 적립기금

보험료율은 시행 초기 보험료 납부에 대한 저항을 줄이기 위해 3%에서 시작해서 5년마다 3% 포인트씩 올리도록 설계하였다. 보험료율 9%를 기준으로 볼 때, 사업장가입자의 경우 사용자가 보수의 3%, 근로자가 보수의 3%, 퇴직금으로 보수의 3%를 부담하며, 지역가입자 및 임의가입자의 경우 9% 보험료를 전부 본인이 부담한다. 1986년법에서는 보험료 부과 징수, 가입자 자격 및 급여 관리를 모두 보건사회부 산하 국민연금공단에서 담당하도록 하였다.

사실 공적 연금은 근로자 기여금 또는 사용자 부담금으로 구성되는 것이 일반적이다. 그런데 1986년법은 보험료의 1/3을 퇴직금으로 충당하도록 설계되었다. 이처럼 독특한 보험료 구성은 한국 특유의 퇴직금제도•를 반영한다. 한국전쟁 직후 한국은 공업화의 진전과 높은 1인당 소득과 같은 사회보험 도입을 위한 사회경제적 여건이 완전히 결여되어 있었다. 국회는 사회보장제도의 결여를 부분적으로 만회하기 위해 일본의 퇴직금제도를 모방하여 1953년 제정된 근로기준법에 사용자의 퇴직금 지급을 의무화하는 조항을 넣었다. 법으로 강제되는 퇴직금제도는 세계적으로도 매

퇴직금제도: 퇴직금제도란 1년 이상 고용된 근로자가 퇴직할 때, 사용자가 고용 기간 매 1년마다 1개월분의 급여에 해당하는 금액(퇴직금)을 의무 지급하는 제도이다.

우 희귀한 것이다. 일본에서조차 퇴직금이 법적 강제가 아닌 기업의 자발적인 복리후생제도일 따름이었다.

문제는 퇴직금제도를 그대로 둔 채 국민연금을 도입하면, 사실상 두 개의 의무가입 연금제도가 생기는 결과가 빚어지게 된다는 점이다. 1970년대까지 퇴직금은 유명무실했기 때문에 이중 부담 문제가 없었다. 하지만 1980년대에는 은행 및 대기업을 중심으로 퇴직금이 자리를 잡아 감에 따라 국민연금 도입에 따른 이중 부담은 사용자들에게 실질적인 문제가 되었다. 이를테면 9%의 보험료율이 적용되는 공적 연금이 도입될 경우, 사용자의 연금 부담률은 공적 연금 부담률 4.5%에 퇴직금 부담률 8.33%를 더하여 약 13%에 이르게 된다.

이를 부분적으로 해결하는 한 가지 대안이 사용자 국민연금 부담금의 일부를 퇴직금 부담금으로 충당하는 것이었다. 처음에 노동계는 이 대안에 반대하였으나, 결국 수용하였다. 여기에는 퇴직금 부담금이 국민연금 부담금으로 전환되는 것 자체가 근로자에게도 득이 될 수 있다는 고려가 있었다. 국민연금과 달리, 퇴직금은 적립이 되지 않아 이자가 붙지 않고, 사외적립이 되지 않아 기업 도산 시 퇴직금을 잃을 위험이 높을 뿐 아니라, 수령 시 세금이 부과되었기 때문이다.

국민연금 재정은 적립식으로 설계되었다. 따라서 제도 초기에는 보험료 수입만 있고 급여 지급이 없기 때문에 거대 기금이 형성될 것으로 기대되었다. 국민연금이 완전 적립식 제도를 지향하였다는 증거는 없지만, 거대 기금을 축적함으로써 연금 지출의 상당 부분을 적립금 수익으로 충당하고자 하였음은 분명하다.

급여

1986년법에서 노령연금 수급권은 기여년수 20년 이상 가입자가 60세에 도달할 때 발생한다. 노령연금 기본연금액 산식은 다음과 같다.

$$pba_i=0.2(A+0.75B_i)\left(1+\frac{n_i}{20}\right) \tag{4}$$

여기서 A는 수급 전년도 전체 가입자 평균 연소득, B_i와 n_i는 수급권자 i의 가입 기간 전체 평균 연소득 및 20년 초과 기여년수이다.

이 산식에 따르면, 40년간 평균적인 소득을 올린 가입자의 소득대체율은 70%이다. 1973년법의 38%와 비교해도 높은 수준인데, 이는 A값에 의해 결정되는 급여 부분이 기여년수와 무관하게 산정되는 1973년법과 달리, 1986년법에서는 *A*값에 의해 결정되는 급여 부분도 기여년수에 비례하여 증가하도록 설계되었기 때문이다.

1973년법의 급여 산식이 같은 시기 일본에서 운영되던 후생연금(厚生年金)의 구조를 모방하였다면, 1986년법의 급여 산식은 1985년 개혁 이후 일본의 후생연금 구조를 따랐다. 1986년법과 1985년 개혁 이후 일본 연금제도의 중요한 차이점은 일본 연금제도는 정액 부분이 소득비례 부분(새로운 후생연금)과 분리되어 일본 국민연금(国民年金)이 되면서 조세가 투입되기 시작한 반면, 1986년법은 개혁 이전 후생연금과 마찬가지로 하나의 제도에 정액 부분과 소득비례 부분이 모두 담겨 있는 구조에서 재원을 보험료로만 충당하였다는 점이다.

결국 1986년법은 1973년법의 틀을 유지하는 범위 내에서 1985년 일본의 연금 개혁 내용을 모방한 것으로 평가할 수 있는데, 불행히 당시 일본 연금 개혁의 취지는 전혀 반영되지 못하였다는 한계를 갖는다. 1986년법에 반영되지 못한 1985년 일본 공적 연금 개혁의 취지는 세 가지로 요약할 수 있다. 첫째, 공적 연금제도의 장기 재정 안정을 위해 구조적 개혁을 단행하였다는 점, 둘째 이를 달성하기 위해 정액 급여는 부분적으로 조세로 운영하기 시작하였다는 점, 셋째 공무원·사학연금을 국민연금으로 흡수하여 일원화하였다는 점 등이다. 일본 연금 개혁의 이러한 측면들이 국민연금법 입법 과정에서 충분히 고려되지 못하였기 때문에 뒤에서 살펴보는 바와 같이 국민연금은 시행 10년 만에 재정안정화 개혁이 불가피한 상황에 직면하게 된다.

1973년법의 재직자노령연금은 1986년법에 그대로 남았다. 감액률에는 약간 차이가 있었는데, 소득이 있는 65세 미만 수급권자의 기본연금액 감액률은 60세 50%, 61세 40%, 62세 30%, 63세 20%, 64세 10% 등이었다.

국민연금의 변천

1998년 국민연금법

1998년법은 국민연금 재정안정화를 위한 구조적 개혁 시도가 좌초된 결과이다. 문형표(1995)는 국민연금 재정 전망 보고서에서 2022년 기금수지 적자가 시작되고, 2033년 기금이 고갈되어 국민연금의 지속 가능성이 크게 약화될 것을 전망하고, 장기 수지균형을 위한 보험료율이 20% 이상이 되어야 할 것으로 진단하였다. 문형표(1995)는 보험료율 인상의 대안으로 균등 부분을 가입 기간과 무관하게 가입자 평균 소득의 20%로 고정함으로써 사실상 국민연금을 정액기초연금과 소득비례연금으로 이원화하는 방안을 제시하였다. KDI 문형표 박사가 참여한 청와대 사회정책수석실은 이를 발전시켜 국민연금을 기여형 기초연금-소득비례연금으로 이원화하는 구조개혁 방안을 추진하였다. 국민연금에서 소득비례 부분을 떼어 내면 보험료율 인상 없이도 재정 안정을 달성할 수 있을뿐더러, 정액을 기여하는 기초연금을 도입함으로써 소득 파악이 어려운 도시 자영자로 국민연금을 확대하는 것에 따른 보험료 부과의 어려움도 회피할 수 있었다. 그러나 결국 구조적 개혁안은 보건복지부 등 타 부처들의 반대에 부딪혀 좌초되었다.

이후 국민연금 재정안정화에 소극적인 보건복지부가 개혁 논의를 주도하면서 정부안은 보사부가 추진하던 도시 지역 근로자에 대한 국민연금 적용 확대 및 급여 삭감에 초점이 맞추어졌고, 그러한 보사부

안에 대해서조차 시민단체와 노조가 반발하면서 급여 삭감의 폭은 더욱 작아졌다. 국민연금법 개정안은 1998년 12월 본회의에서 의결되었다. 재정안정화 측면에서의 분명한 한계에도 불구하고 1998년법은 수급연령 인상, 수급권 획득을 위한 기여년수 요건 완화, 분할연금제도 및 재정계산제도 신설 등 중요한 조치들을 포함하였다.

가입 대상의 확대

1999년부터 시행된 1998년법의 가장 큰 변화는 국민연금 가입 대상의 확대였다. 가입 대상자는 기존 5인 이상 사업장과 농어민 등 군지역 거주자(1995년 이후)에 국한되던 것이 5인 미만 영세사업장 및 도시 지역 거주자(주로 자영자, 일용직 근로자)로 확대되었다. 명목상으로나마 국민연금이 말 그대로 전 국민 연금이 된 것이다. 이 조치를 통해 실제 국민연금 가입자 수는 1996년 783만 명에서 1999년 말 1,626만 명으로 2배 이상 증가하였다.

급여 삭감

가장 중요한 국민연금 재정 안정 조치는 연금 급

여 수준을 기여년수 40년 기준 소득대체율 70%에서 60%로 인하한 것이었다. 보험료에 비해 지나치게 많은 급여를 보장함에 따라 급여 삭감이 불가피하였다. 이에 소득비례 부분 연금지급률을 2.4에서 1.8로 인하하여 40년 가입자 기준 소득대체율을 10% 포인트 낮추었다. 기존 수급자의 연금액 및 가입자가 기존에 납부한 보험료에서 발생한 급여는 종전과 같이 유지함으로써 기득권을 보장하였다. 또한 수급연령을 2013년부터 5년마다 1세씩 올려서 2033년 수급연령이 65세가 되도록 조정하였다. 마지막으로 55세부터 조기노령연금 혜택을 실질적으로 받을 수 있도록 수급권 획득을 위한 가입 기간 요건을 20년에서 10년으로 단축하였다.

이혼한 전업주부의 노후 보장을 위해 분할연금제도가 도입되면서 여성의 수급권이 향상되었다. 이혼한 배우자가 혼인 기간 중 5년 이상 보험료를 납부하였고, 노령연금 수급권자이며, 본인도 노령연금 수급연령에 도달한 경우, 5년 이내에 분할연금을 청구함으로써 혼인 기간 중 발생한 노령연금액의 50%를 받을 수 있게 되었다.

보험료

보험료율은 9%로 유지되었으나, 사업장가입자 보험료율 구성이 변화하였다. 기존 근로자 기여율 3%, 사용자 부담률 3%, 퇴직금전환율 3%에서 퇴직금 전환이 폐지됨에 따라 근로자 기여율 4.5%, 사용자 부담률 4.5%로 바뀌었다. 또한 보험료 추납제도가 도입되어 은퇴를 앞둔 근로자가 미납 보험료를 일시 납부함으로써 기여년수를 늘릴 수 있게 하였다.

재정계산

5년마다 국민연금 재정수지를 계산할 수 있도록 재정계산제도를 도입하여 2003년 첫 재정계산이 공표되었다. 제1차 재정계산 결과에 따르면, 국민연금기금 적립금은 2047년에 소진될 것으로 전망되었다.

1998년법 재정계산 관련 조항에 따르면, 급여 수준과 연금보험료는 국민연금 재정의 장기적인 균형이 유지되도록 조정하도록 되어 있는데, 이에 따라 국민연금발전위원회(이하 발전위)는 2003년 4월 국민연금 재정안정화 개혁을 안건으로 상정하고, 표 8에 제시된 바와 같이 2070년 적립배율 2배라는 재정목표를 달성하게 하는 몇 가지 소득대체율-보험료율 조합을 토

|표 8| 2003년 국민연금발전위원회 개혁 대안 요약

대안	소득대체율(%)	보험료율(%)
제1안	60	19.85
제2안	50	15.85
제3안	40	11.85

자료: 국민연금사편찬위원회(2015).

대로 개혁 논의를 시작하였다. 전문가들은 2안을 선호한 반면, 사용자단체는 3안을 선호하였다. 그러나 수십 차례 회의에도 불구하고, 애초에 재정계산 결과를 신뢰하지 못한 노조의 강력한 저항으로 단일안 도출에 이르지 못한 채 해산하였다. 대표성과 입법권이 결여된 발전위가 개혁의 단일안을 제시하는 것은 애초에 무리인 측면이 있었다.

보건복지부는 발전위의 제2안을 토대로 소득대체율을 10% 포인트 인하하고 보험료율을 점진적으로 6% 포인트 인상하는 정부안을 새로 설계하였다. 소득대체율이 40%인 안에 대해서는 노조의 강력한 반대를 경험하였고, 기존 소득대체율 60%를 유지하기 위해 보험료율을 20% 수준으로 인상하는 안은 작은 정부를 지향하는 한국 사회 현실에 적합하지 않았다. 그러나 2003년 10월, 국회의원 선거를 일 년도 채 남기지 않은 시점에 국회에 제출된 국민연금법 개정 정부안은 야당인 한나라당, 노조, 시민단체의 반대에 직면하여 본회의에 상정조차 되지 못하였다.

개정안이 국회 임기 만료로 자동 폐기되자 정부는 기존 안과 유사한 새로운 개정안을 2004년 6월 발의하였다. 10월에 여당인 열린우리당이 보험료율을 유지하는 또 다른 개정안을 발의하고, 12월에 한나라당이 기초연금-소득비례연금 이원화 개혁방안을 담은 개정안을 발의하면서 세 가지 안이 경합하였지만, 2005년 김근태 보건복지부 장관이 개혁을 국회에서 논의하기로 결정하면서 그간의 개정 노력은 무위에 그쳤다.

2007년 국민연금법

정부와 국회는 2007년에도 국민연금 장기 재정 안정 달성에 실패하였다. 2007년 법은 2003년 발전위 제3안에 비해 보험료율은 인상하지 못한 채 급여만 삭감된 반쪽짜리 개혁에 그쳤다.

2006년 개정안 논의 과정에서 우여곡절 끝에 기초노령연금(오늘날 기초연금)이 탄생하였다. 2006년 2월 이후 보건복지부 장관으로서 연금 개혁을 이끌던 유시민은 "국민연금 개혁은 바다에 떠 있는 엔진 없는 배와 같았다"고 회고하였다(생생플러스 2013. 10. 25). 유권자들 가운데 재정안정화를 통해 이득을 보는 사람이 없었기 때문에 개혁의 정치적 동력이 없었다는 것이다. 물론 이득을 보는 사람이 없었던 것은 아니다. 재정 안정 개혁의 수혜자는 아직 태어나지 않은 미래 세대였다. 단지 이들은 투표권이 없었을 뿐이다.

인기 없는 정책을 관철시키기 위해서는 예인선이 필요하였는데, 보건복지부는 근로자, 노인, 그리고 당시 야당이 좋아할 만한 기초연금을 국민연금 재정안정화 조치와 한데 묶어 개혁 패키지를 제안하였다. 하지만 정부는 결과적으로 국민연금 보험료율 인상에 실패하였고, 기초노령연금만 그대로 신설되었다. 엔진 없는 배는 바다에 두고 예인선만 회항한 셈이다. 유시민에 따르면, 기초노령연금은 국민연금 재정 안정 개혁을 위해 넣은 사탕인데 "약사발은 엎어버리고 사탕만 먹어버렸다."

급여

2007년법의 핵심은 장기 재정 안정을 위한 급여 삭감이었다. 노령연금 기본연금액 산식은 개혁 이전

$1.8(A+B_i)(1+0.05n_i)$에서 2008년 $1.5(A+B_i)(1+0.05n_i)$, 2028년 $1.2(A+B_i)(1+0.05n_i)$ 등으로 바뀌었다. 그 결과 기여년수 40년 기준 소득대체율은 기존 60%에서 2008년 50%, 2009년부터는 매년 단계적으로 낮추어 2028년 40%로 하락하였다.

급여 삭감 외에도 2007년 법에는 몇 가지 세심한 조치들이 도입되었다. 우선 연기연금제도가 도입되어 수급자가 수급 시점을 이연할 경우 소득심사에 따른 감액을 피하고 수급이 이연된 기간에 비례하여 추가적인 급여(이연된 매 1년마다 기본연금액의 6% 포인트씩 가산)를 받을 수 있도록 하였다. 참고로 가산율은 2012년 7월 이후 7.2%로 인상되었다.

동일한 수급자에게 두 종류 이상의 급여 수급권이 발생하여 수급자가 유족연금이나 반환일시금을 포기하였을 때, 포기한 급여의 20%를 추가로 받을 수 있도록 중복 급여 조정 방식을 완화하였다. 분할연금 수급권이 재혼 후에도 유지되도록 하고, 본인의 노령연금과 중복해서 수급할 수 있도록 하였다.

그 밖에 군복무 기간 및 복수 자녀 출산에 따른 가입 기간 추가 산입제도(이른바 크레딧제도)를 도입하였다. 군복무 기간 중 6개월, 둘째 자녀는 12개월, 셋째 자녀부터는 18개월을 국민연금 가입 기간으로 인정하였다.

3

문제의 원인

노인 소득 빈곤의 원인

국민연금 장기 재정 불안의 원인

노인 소득 빈곤의 원인

한국에서 노인 소득 빈곤율이 높은 가장 큰 이유는 연금소득 혹은 연금 자산의 부족이라는 점은 서두에 밝힌 바와 같다. 왜 한국의 노인들은 연금 자산이 부족한가. 국민연금과 관련한 우리 사회의 몇 가지 집단적 선택이 오늘날 노인의 연금 자산에 영향을 미쳤다. 가장 중요한 사회적 선택은 도입 시기, 재정 방식, 보험료 부과징수체계의 설계와 관련이 있다.

뒤늦은 도입

국민연금 시행이 14년이나 지연되면서 1988년에야 도입되었다는 사실은 전술한 바와 같다. 세계적으로 보더라도 일반 국민을 대상으로 하는 공적 연금 도입 시기는 한국의 경우 매우 늦었다. 그림 4는 공적 연금 도입 국가 수, 인구수, 적립식 개인계좌 도입 국가 수를 보여 준다.

공적 연금 도입은 1889년 독일을 시작으로 제1차 세계대전과 세계 대공황 기간을 제외한 20세기 전반에 유럽을 중심으로 꾸준히 확대되었다. 국민복지연금법 제정 직전 해인 1972년까지 공적 연금을 도입한

|그림 4| 공적 연금 도입 국가 수 및 적용 인구

(단위: 개, 10억 명)

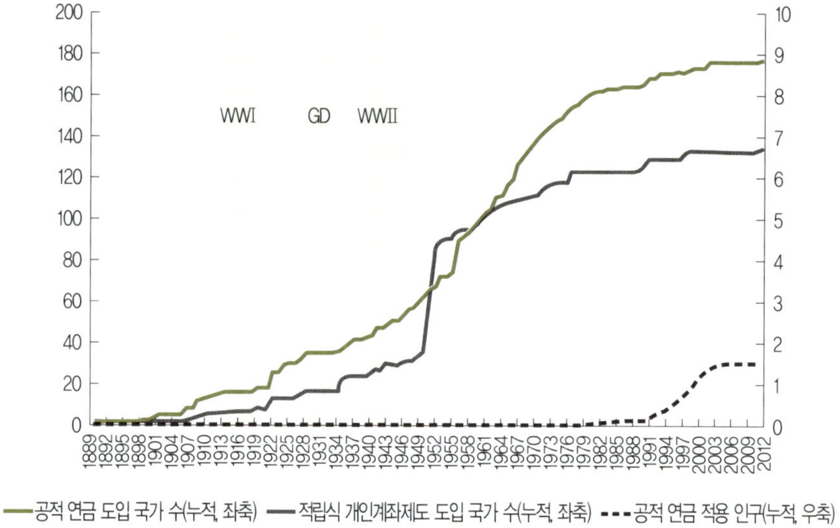

주: 공적 연금 도입 연도는 법안 통과 시점 기준. 인구는 2010년 기준. 국가 수와 인구는 누적으로 작성함. WWI은 제1차 세계대전, GD는 세계 대공황, WWII는 제2차 세계대전을 의미함. 좌축은 누적 국가 수, 우축은 누적 인구.
자료: 원자료는 Social Security Administration, 인구는 United Nations(2015). 김도형(2015: 22)에서 전재.

국가는 총 146개국이었다. 국민연금 시행 직전 해인 1987년에 그 수는 164개국이었다. 소득 수준을 막론하고 거의 대다수 국가들이 공적 연금을 도입한 이후에야 국민연금이 도래한 것이다. 다만 14년의 지체에도 불구하고 국민연금 도입 시기는 한국과 유사한 경제발전 과정을 거친 홍콩(2000년)이나 대만(2005년)보다는 시기적으로 앞선 것이었다.

적립식 제도의 선택

우리나라 노인 소득 빈곤에 영향을 미친 또 다른 중요한 선택은 재정 방식과 관련이 있다. 국민연금은 적립식 제도로 설계되었다. 기본적으로 개인들이 보험료 납입 형태로 저축을 하면, 국민연금기금이 그 저축을 적절히 투자하고 운용하여 기금을 불린 뒤, 개인이 수급연령에 이르면 국민연금이 급여를 제공하는 방식이다. 그러나 국민연금의 설계 방식이 보편적인 적립식 제도의 형태는 아니다. 더 일반적인 형태는 본인이 납입한 보험료와 투자수익이 마치 일반 저축처럼 개인계좌에 적립되고, 나아가 적립금의 투자 포트폴리오도 개인의 취향에 따라 선택하는 방식인데, 이를 적립식 개인계좌제도라고 부른다. 칠레의 공적 연금, 스웨덴 공적 연금제도의 일부인 프리미엄연금 등이 이에 해당한다.

적립식 개인계좌제도 역시도 공적 연금 전체로 볼 때 보편적인 제도는 아니다. 그림 4에 제시된 바와 같이, 적립식 개인계좌제도는 1980년대에 처음 등장하여 중남미 일부 지역을 중심으로 제한적으로 확산되었을 뿐이다. 선진국을 포함한 대다수 국가들은 공적 연금을 부과식으로 운용한다. 젊은 근로계층이 납입한 보험료가 저축되지 않고, 동시대 고령 수급자들의 급여로 '이전'(transfer)되는 방식이다. 연금제도가 부과식으로 운영되면, 수급자와 가입자 간의 비율이 중요해진다. 공적 연금은 국민 전체에 적용되기 때문에 수급자 대비 가입자 비율은 사실상 그 국가의 노년 부양비와 같다. 노년 부양비•가 높아질수록 수급자들에 대한 급여 지급에 어려움을 겪을 수밖에 없다. 바꾸어 말하면, 부과식 연금제도의 재정은 인구 구조에 민감하다. 이것이 공적 연금을 부과식으로 운영하는 많은 선진국들이 인구 고령화에 대응하여 연금 개혁에 착수하는 이유이다. 그에 반해 적립식 연금제도는 기본적으로 본인이 젊었을 때 저축한 원리금으로 본인의 노후 급여를 충당하는 방식이므로 인구 구조에 훨씬 덜 민감하다.

노년 부양비: 근로가능 인구(15~64세) 대비 노인인구(65세 이상) 비율.

부과식 제도의 특징 중 하나는 제도 창설 직후부터 급여를 지급함으로써 당면한 노인 빈곤을 해소하는 데 도움이 된다는 점이다. 미국의 노령보험은 1935년에 연방 프로그램으로 도입되었는데, 이 시기는 초유의 세계 대공황의 여파로 미국의 노인 빈곤이 심각하였던 때였다. 노인은 일자리를 잃는 첫 희생자였고, 금융시장 붕괴로 인해 저축이 사라지면서 이중으로 타격을 받았다. 이에 대응하여 루스벨트 대통령은

1935년 의회 연설에서 연금 자산을 새로이 축적하기에 너무 늙은 사람들을 위한 비기여 노령연금과 청년 및 미래 세대를 위한 의무가입 기여형 노령보험의 창설을 요청했다. 물론 부과식 제도 채택의 배경에는 노인 빈곤 외에도 다른 여러 정치적 고려가 있었다(Miron and Weil 1998). 여하튼 1935년 사회보장법을 통해 노령부조(old-age assistance)와 부과식 노령보험(old-age insurance, 이하 사회보장연금●)으로 구성된 연방 사회보장제도(social security)가 탄생하였다.

사회보장연금: 사회보장연금의 정식 명칭은 1935년 OAI(old age insurance)에서 1939년 유족보험이 추가됨에 따라 OASI(old-age, survivors insurance)로, 1954년 장애보험이 추가됨에 따라 OASDI(old-age, survivors, and disability insurance)로 바뀌어 오늘에 이르고 있다.

사회보장연금은 기금 축적을 포기하고 부과식으로 운영함에 따라, 창설 5년 만인 1940년에 첫 급여를 지급하였다. 시행 초기에 급여 수급을 위한 가입 기간 요건이 매우 느슨하였고, 급여 수준이 가입 기간과 무관하게 오직 가입 기간의 평균 근로소득에 근거하여 산정되면서 기여 기간이 짧은 가입자도 적지 않은 연금을 수령할 수 있었다. 이러한 제도 설계로 인해 급여 지출은 빠르게 증가하였다. 65세 이상 고령 인구 가운데 사회보장연금 수급자 비중은 1940년 0.7%에서 1945년 6.2%, 1950년 16.4%, 1960년 61.6%로 빠르게 증가하여 1990년에 이미 92.4%에 이르렀다. 이러한 높은 수급률의 배경에는 사회보장연금이 1939년법에

|그림 5| 미국 사회보장연금 지출과 노인 소득 빈곤율, 1937~2018년

(단위: %, %GDP)

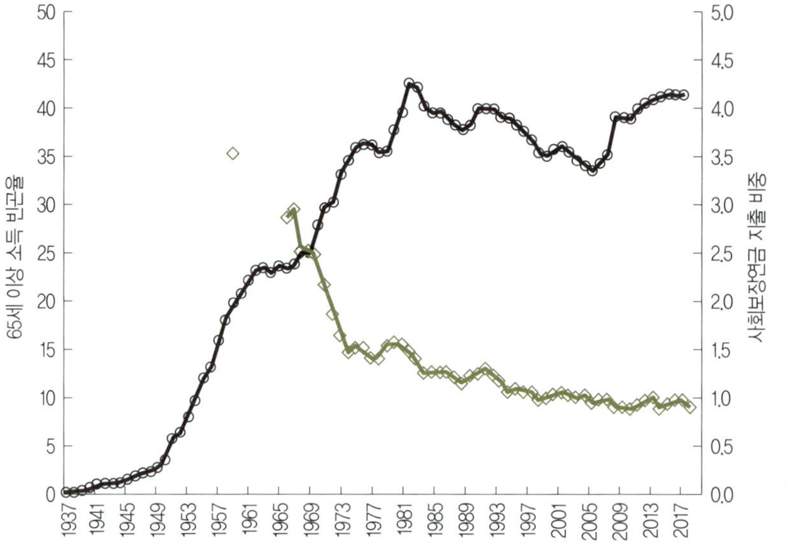

주: 다이아몬드는 65세 이상 소득 빈곤율(좌축), 원은 GDP 대비 사회보장연금 지출액 비중(우축)을 나타낸다.
자료: Engelhardt and Gruber(2006: 260, Figure 6.1) 수정. 사회보장연금 지출액은 미국 사회보장행정청(SSA), 65세 이상 소득 빈곤율은 미국 센서스국(US census bureau).

따라 노령연금 수급권자의 배우자에게도 기여 이력과 무관하게 연금을 지급하였다는 점, 그리고 사회보장연금 미가입자 비중이 일찍이 매우 낮다는 점 등이 중요하게 작용하였다.

그림 5는 미국의 노령연금 지출과 노인 소득 빈곤율 간의 관계를 보여 준다. 미국은 1950년 이후 국내총생산 대비 사회보장연금 지출 비중이 빠르게 증가

|그림 6| **국민연금 지출과 노인 소득 빈곤율, 1988~2039년**

(단위: %, %GDP)

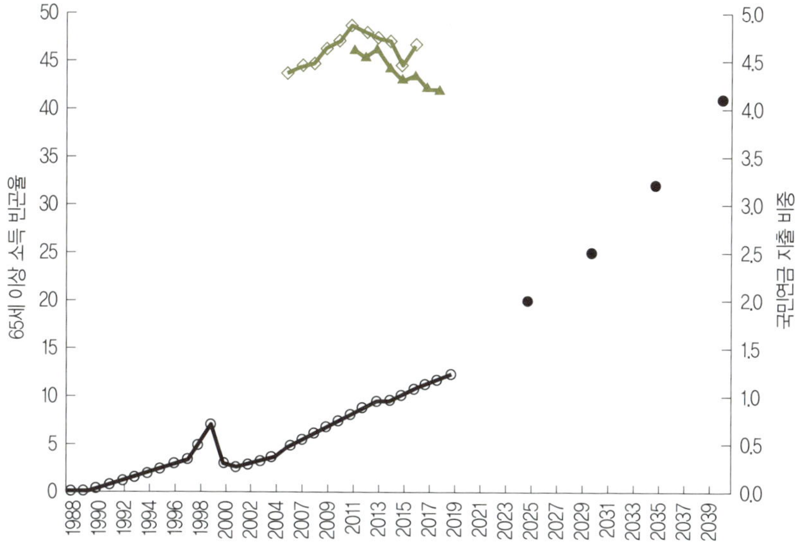

주: 다이아몬드는 「가계동향조사」에 따른 빈곤율 이전 통계, 세모는 「가계금융복지조사」에 따른 새 빈곤율 통계를 나타냄. 검은색 원은 국민연금 지출 비중 전망치.

자료: 국민연금 지출액은 『국민연금 통계연보』 및 제4차 재정계산 전망치, 65세 이상 소득 빈곤율은 사회보장위원회.

하면서 1959년 39.2%에 이르던 노인 소득 빈곤율은 1970년대 초 15% 수준으로 하락하였고, 2019년에는 8.9%로 인구 전체 소득 빈곤율보다 낮은 수준이다.

반면 한국은 국민연금 재정 방식에 적립식 제도를 선택하면서 지출 시점이 크게 지연되었다. 1986년법에서 노령연금 수급을 위한 기여년수가 최소 20년으로 책정됨에 따라 노령연금 수급자는 2008년에야 처음 발생하였다. 그림 6에 제시된 바와 같이, 국민연금 지출 비중은 앞으로 빠르게 증가할 것으로 전망되고 있는데, 그에 따라 노인 소득 빈곤율도 감소할 것으로 예상된다.

짧은 기여년수

그림 7은 2020년 말 기준 국민연금 노령연금 수급자의 기여 기간별 수급액 분포를 보여 준다. 노령연금 수급자의 대다수는 기여년수가 20년 미만임을 알 수 있는데, 기여년수가 짧기 때문에 높은 급여 수준을 기대하기 어렵다. 기여년수가 20년 미만인 대다수 수급자의 월 수급액은 20만~60만 원 수준에 불과하다. 기여년수 20년 이상 수급자의 노령연금 급여는 60만~130만 원 구간에 주로 분포되어 있는데 그 수가 많지 않다. 그림에는 제시되지 않았지만, 노동시장 참여율이 낮은 여성은 노령연금 수급자의 1/3수준인데, 특히 이들 가운데 20년 이상 가입자 비중은 8.3%에 불과하다. 남성에 국한하더라도 20년 이상 가입자 비중은 1/3에 그친다.

수급자의 기여년수가 짧은 데에는 몇 가지 요인이 있다. 우선 국민연금이 전 국민을 포괄한 시점은 도

|그림 7| 국민연금 가입 기간별 노령연금 수급액 분포, 2020년 말

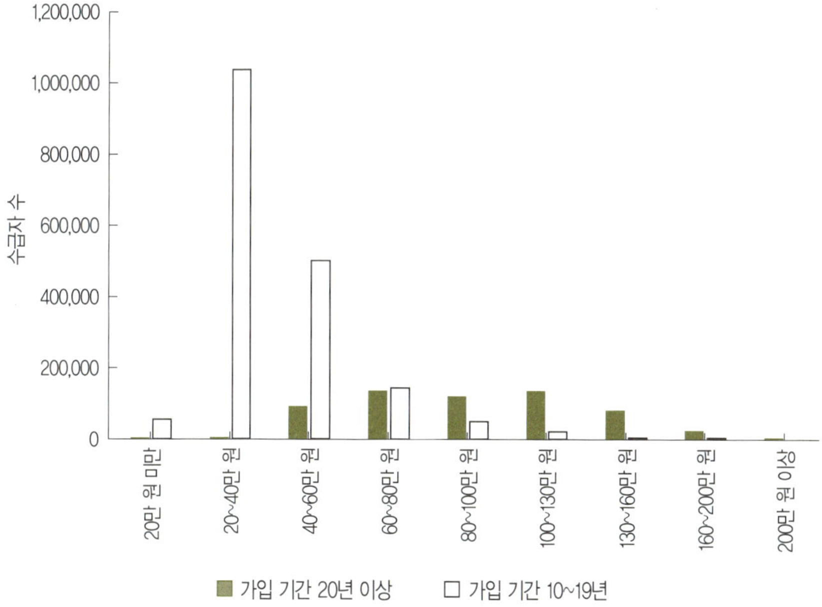

자료: 『국민연금 통계연보』

시 지역 확대 적용이 시작된 1999년이다. 20년 이상 기여한 수급자가 대규모로 양산되기 시작하는 시점은 빨리 잡아도 2019년이라는 뜻이다.

1999년 도시 지역 확대 적용에도 불구하고 상당수 근로자들이 미가입자로 남아 있었다. 사회보험 사각지대라고 불리는 비공식 부문은 현시점에도 적지 않은데, 이러한 넓은 비공식 부문의 존재는 보험료 부과

징수체계와 관련이 있다. 국민연금 보험료는 개인에게 세금보다 저축에 가깝다. 하지만 세금과 마찬가지로 피할 수 없기 때문에 준조세로 불린다. 그럼에도 불구하고 우리나라의 경우 많은 근로자들에게 보험료가 부과되지 않거나 부과되더라도 징수되지 않고 있다. 그 결과 이러한 근로자들은 수급연령에 도달하더라도 가입 기간이 짧을 수밖에 없다.

국민연금을 포함한 사회보험료 부과 징수 업무는 현재 건강보험공단에서 담당하지만, 많은 국가들에서 국세청이 담당한다. OASDI 보험료를 명시적인 세금 형태로 국세청(IRS)이 부과 징수하는 미국의 경우 미가입자가 거의 없다는 점에서는 한국의 경험과 대조된다. 우리도 한동안 세금과 사회보험료를 국세청이 일괄 부과 징수하는 방안을 추진한 적이 있다. 국세청은 개인의 소득에 대한 가장 포괄적인 정보를 가질 뿐 아니라 과세 권한이 있기 때문에 효과적인 징수 주체가 될 수 있다. 그뿐만 아니라 세금 및 사회보험료의 통합 징수를 통해 행정 비용을 절감할 수 있다. 과거에는 동일한 과세소득에 대하여 세금은 국세청이, 국민연금 보험료는 국민연금공단이, 건강보험 보험료는 건강보험공단이, 고용보험과 산업재해보상보험 보험료는 근로복지공단이 부과 징수하였기 때문에, 결과적으로 전국 도처에 산재한 복수의 기관이 본질적으로 동일한 업무를 수행하였다. 이러한 이유로 국세청이 조세와 사회보험료 징수를 책임지도록 부과징수 체계를 개편하려는 노력이 있었지만 고용 감소를 우려한 노동조합과 기관 종사자들의 강력한 반대로 번번이 무산되었다. 이후 정부는 사회보험료 보조금을 통해 사회보험 가입을 유도하는 정책을 쓰고 있지만 그 효과는 매우 제한적이었다(김도형 2016). 사회보험 가입률은 느린 속도로 증가하여 현재 85% 수준에 이르고 있다.

참고로 현재는 도처에 산재한 각 보험 행정기관들(지역본부 및 지사)은 그대로 둔 채 사회보험료를 부과 징수하는 기능만 2011년부터 건강보험공단으로 일원화되었다(사회보험 통합징수제도). 그로 인해 공단 간 업무 중복이 제거되었고, 가입자 입장에서도 행정이 편리해졌다. 통합고지서를 한 번에 받을 뿐 아니라, 민원도 한 번에 처리할 수 있는 장점이 있다. 통합징수제도를 통해 범위의 경제(economies of scope)를 부분적으로 실현하였지만, 국세청 중심의 강력한 부과징수체계를 확립하는 방안은 사실상 포기된 셈이다.

국민연금 장기 재정 불안의 원인

장기 재정 불안의 원인은 크게 세 가지로 요약될 수 있다. 초기 설계의 문제, 제도적 조정의 실패, 예기치 못한 인구 변화 등이다.

초기 설계

많은 국가들이 공적 연금을 도입할 때 연금보험료 강제징수에 대한 저항을 줄이기 위해 지나치게 많은 급여를 약속한다. 불행히 국민연금의 경우에도 법에 명시된 보험료율로는 장기적으로 도저히 감당할 수 없는 수준의 급여를 약속하였다. 표 9에 제시된 바와 같이, 1986년법에서 40년 가입한 평균 소득자 기준 소득대체율은 70%로, 1973년법의 38%, 현 국민연금의 40%와 비교해도 매우 높은 수준임은 지적한 바와 같다. 반면 1973년법의 보험료율이 7%, 오늘날 보험료율이 1986년법과 동일하게 9%임을 감안하면, 1986년법에 약속된 후한 급여는 꾸준한 보험료율 인상 없이는 애초에 전혀 지속 가능하지 않았음을 쉽게 짐작할 수 있다.

실제로 설계 당시부터 국민연금 재정의 지속 가능

|표 9| **국민연금 수입·지출 구조 비교**

	소득대체율(%) (지출 측면)	보험료율(%) (수입 측면)
1973년법(미시행)	38	7
1986년법	70	9
2007년법	40	9

자료: 국민복지연금법 및 국민연금법으로부터 저자 계산.

성 결여는 연금전문가들에게 정해진 미래였다. 1986년법의 설계에 참여하였고 이후 보건복지부 장관을 지낸 서상목이 회고하기를, "소득대체율을 70%로 잡으니 보험료율이 15~17%는 되어야 한다는 계산이 나왔다. (중략) 그런데 보험료를 17%나 내라고 하면 야단날 판이었다. 국회에서 9%까지 올린 후 두 자리를 넘어서면 안된다고 해 멈추게 된 것이다. 당연히 그 보험료로는 도저히 감당이 안되었다"(『세계일보』, 2019. 9. 26).

1986년법이 설계 초기부터 지속 가능하지 않았다는 증거는 국민연금 재정 전망에 대한 가장 이른 보고서에서 찾을 수 있다. 그림 8의 녹색 원은 1986년법에 따른 민재성 외(1986)의 적립금 전망 결과를 보여 주는데, 이에 따르면 국민연금기금은 2049년경 소진될 것으로 이미 예상되었다. 검은색 원은 2018년 제4차 재정계산 결과를 보여 준다. 기금소진 시점에 관한

|그림 8| **국민연금기금 적립금 전망 비교, 1988~2055년**

(단위: 조 원(경상가))

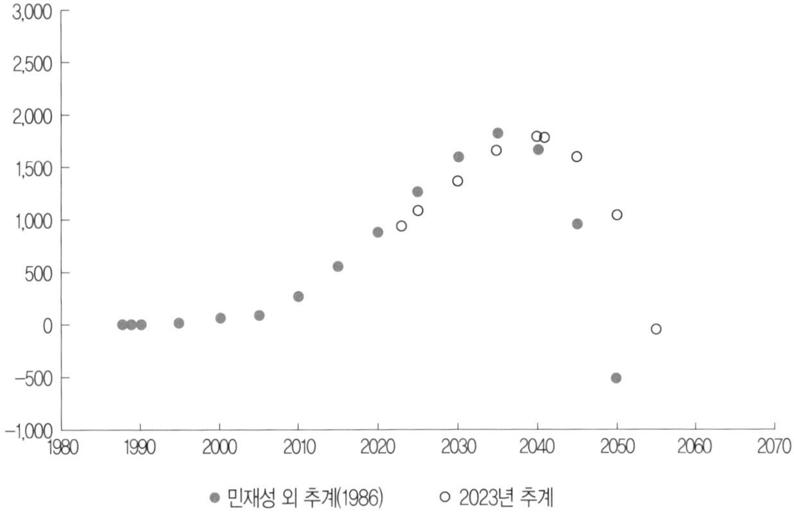

주: 적립금은 경상가격. 1986년 추계치는 원자료의 1984년 불변가격을 소비자물가상승률을 활용하여 경상가격으로 변환. 2023년 물가상승률은 3.2%, 이후 2%를 가정.
자료: 민재성 외(1986: 171); 국민연금재정계산위원회(2023).

2023년 전망치는 2055년으로 1986년 전망치보다 불과 6년 늦은 수준이다.

제도적 조정의 실패

1998년과 2007년 두 차례 국민연금법 개정이 있었으나, 그에 따른 조정은 국민연금 재정의 지속 가능성을 확보하기에 매우 불충분한 조치였다. 그림 9의 녹색 원은 1988년 국민연금 시행 이전에 민재성 외(1986)

|그림 9| 국민연금 부과 방식 비용률 전망 비교, 1988~2083년

(단위: %)

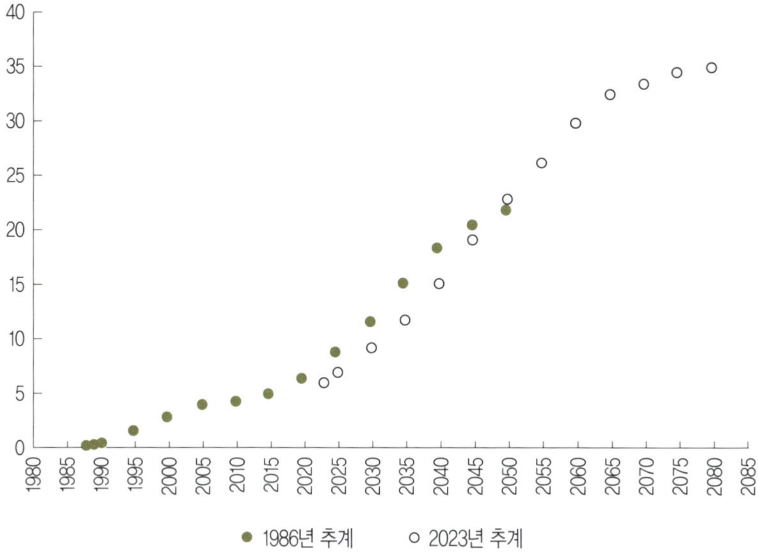

자료: 민재성 외(1986: 171); 국민연금재정계산위원회(2023).

가 추계한 부과 방식 비용률을 보여 준다. 보고서는 기금이 소진되는 2049년 이후 연금 지급에 필요한 보험료율이 20%를 상회할 것으로 전망하였다. 그림 9의 검은색 원은 부과 방식 비용률에 대한 2023년 추계치를 보여 주는데, 두 차례 급여 삭감에도 불구하고 1986년 추계치와 놀랍게 유사함을 보여 준다.

재정 안정에 중요한 국민연금 보험료율은 1998년 이후 26년째 9%에 머무르고 있다. 그림 10은 국민연

|그림 10| **국민연금 보험료율, 1988~2023년**

(단위: %)

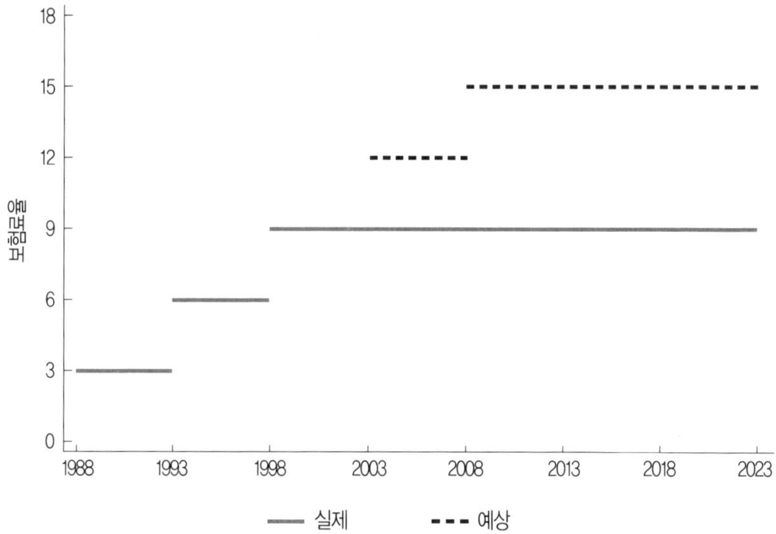

자료: 저자 작성.

금의 실제 보험료율과 설계자들이 기대하였던 보험료율을 함께 보여 준다. 1988년 3%에서 시작하여 5년마다 3% 포인트씩 인상하여 1998년 9%에 도달하는 보험료율은 1988년 국민연금법의 일부였다. 법안에 포함되지 않았지만, 국민연금 설계자들은 1998년 이후에도 5년마다 꾸준히 3%씩 인상해서 최소한 15%에 이르러야 할 것으로 설계 초기에 이미 예상하였다. 그럼에도 불구하고 우리 사회는 수차례 기회가 찾아

왔음에도 보험료율을 인상하지 않는 선택을 하였다. 결국 보험료율은 그대로 둔 채, 향후 소득대체율만 점진적으로 낮춘 국민연금법 개정을 통해 지난 35년간 한국 사회가 달성한 것은 1986년법의 수급 구조를 1973년법의 수급 구조로 환원한 것에 불과한 것이었다.

국민연금이 애초에 적립식으로 설계되었다는 점을 기억할 필요가 있다. 적립식 제도는 부과식 제도처럼 노인 소득 빈곤 해결에는 당장 도움이 되지 않지만, 부과식 제도와 달리 인구 구조에 덜 민감하다는 장점이 있다. 그러나 오늘날 국민연금 재정은 과거의 적립식에서 완전부과식으로 이행하는 과정에 있다. 이러한 변화의 가장 중요한 원인은 과거 수차례에 걸친 보험료율 인상의 실패에 있다.

국민연금의 불균형한 수입-지출 구조가 장기간 지속된 결과, 국민연금 재정은 향후에도 적립식 제도를 부분적으로 유지하는 것이 사실상 불가능해졌다. 그뿐만 아니라 부과식 제도하에서 장기 재정 안정을 가능하게 하는 균형보험료율을 고정적으로 유지하는 방안도 사라진 상황이다.

예기치 못한 인구 변화

인구 고령화는 인구 중위 연령의 증가로 정의될 수 있는데, 사망률 또는 출산율 하락의 결과로 이해된다. 한국의 인구가 모든 국가들 중 가장 빠르게 고령화되고 있다는 사실은 이제 상식이 되었다. 덜 알려진 사실은 사망률과 출산율의 동반 하락이라는 인구 변천이 그 자체로는 사회적 재난이 아닌 축복이며 현대 문명의 중요한 성취라는 점이다. 근대 초기 서구 사회에서 시작된 사망률 하락은 주로 유아 사망률의 극적인 감소 덕분이다. 여기에는 영양 상태의 개선 및 상하수도 개선과 같은 공중보건 발달과 이에 따른 전염병 감소가 중요하였다(Fogel 2010; Deaton 2015). 제2차 세계대전 이후에는 중장년 사망률이 크게 감소하였는데, 이는 의약학의 진보 덕분에 현대 사회에 가장 중요한 사망 원인인 심뇌혈관 질환 사망률이 크게 감소하였기 때문이다(Costa 2000). 오늘날 한국의 연령 조정된 심혈관질환 사망률은 선진국 가운데 가장 낮고 또 다른 주요 사망 원인인 암 사망률 역시 최저 수준이다(OECD 2022).

그뿐만 아니라 출산율이 하락함에 따라 여성들도 출산과 육아의 부담에서 벗어나 자신의 이상을 추구

|그림 11| **한국 여성의 합계출산율, 1945~2015년**

(단위: 명)

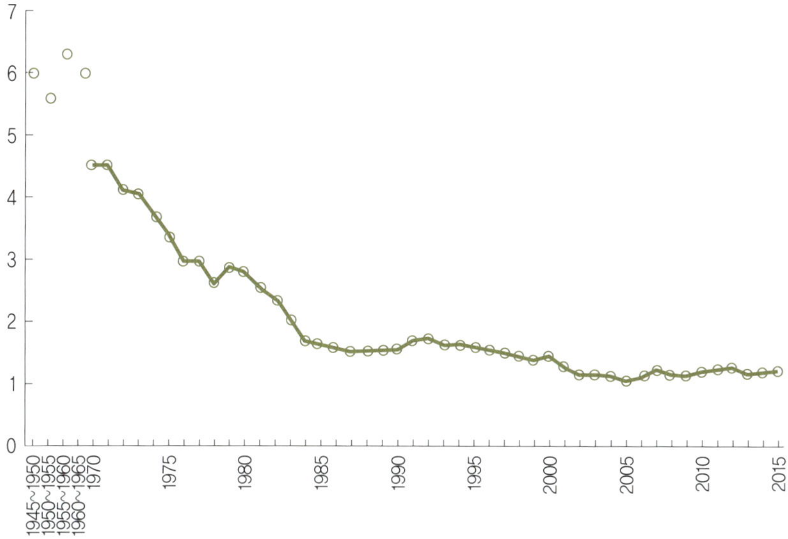

자료: 『한국의 장기통계』(http://www.naksung.re.kr/statistics).

하게 되었다. 그림 11은 1945년 이후 한국 여성의 합계출산율을 보여 준다. 여성 한 명이 평균적으로 낳는 아이 수, 즉 합계출산율은 1960년대까지도 6명에 이르렀다. 이것은 평균값이므로 한 여성이 10명 이상의 아이를 출산하면서 임신 기간만 따져도 8년이 넘는 경우가 흔하였음을 충분히 짐작할 수 있다. 합계출산율이 두 명 이하로 떨어진 것은 1984년 이후인데, 다자녀 출산 과정에서 불가피하게 전업주부로 남던 여성들에게 비로소 삶의 방식에 관한 다양한 선택이 열리게 되었다.

오래 살고 적게 낳는 축복은 사회의 근간이 되는 지출 프로그램이 특정 형태의 인구 구조에 의존할 때에는 사회경제적 재난이 될 수 있다. 고소득 국가들에서 가장 지출 규모가 큰 정부 프로그램은 사회보험, 특히 공적 연금과 건강보험인데, 대다수 국가들이 이들 지출을 위한 자금을 부과식으로 조달하고 있다. 보험료 수입은 젊은 근로 세대에 의존하는 반면, 연금 지출과 건강서비스 소비 지출은 고령층에 집중되기 때문에, 부과식 사회보험하에서는 인구에서 노인이 차지하는 비중이 지나치게 커지면 지출을 감당하기 어려워진다. 한국을 포함한 대다수 선진국들이 정도의 차이가 있을 뿐 본질적으로 동일한 문제에 직면하고 있는 셈인데, 한국은 고령층의 낮은 사망률, 초저출산, 적은 이민 유입으로 인해 재정적 부담이 더욱 빠르게 심화되고 있다.

그림 12는 2023년 각 세별 인구에 관한 약 30년 전 추계치와 최근 추계치를 보여 준다. 2023년 인구에 대한 2020년 추계치는 예측 시계(forecasting horizon)가 3년으로 매우 짧기 때문에 실제 인구 구조와 거의 유

|그림 12| 2023년 인구 구조에 관한 두 추계, 1995년과 2020년

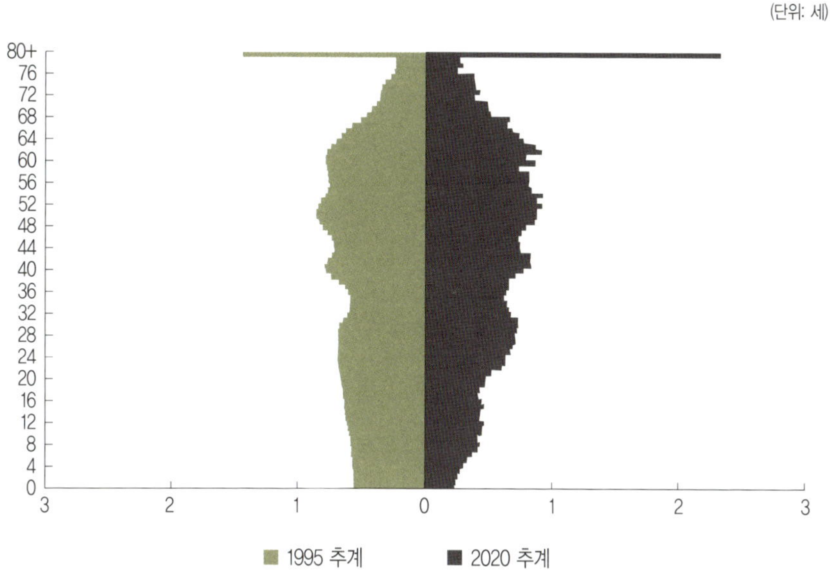

주: 각 세별 인구 단위는 백만 명.
자료: 통계청, 「장래인구추계」, 1995, 2020년.

사하다고 볼 수 있다. 반면 1995년 추계치는 약 30년 뒤를 전망한 것이므로 현실과 크게 다를 수 있다.

우선 두 추계치의 가장 두드러진 차이는 80세 이상 인구의 크기이다. 30년 전에 예상한 80세 이상 인구 규모는 144만 명에 불과하였는데, 최근 추계치는 234만 명에 이른다. 이는 고령 인구의 사망률이 예기치 못하게 빠르게 감소한 결과이다. 이러한 예기치 못한 전반적인 수명 증가는 수명에 관한 체계적 위험

(systemic risk)이 실현된 것으로 위험 모으기를 통해 분산할 수 없는 종류의 위험에 해당한다. 두 추계치의 또 다른 중요한 차이는 25세 이하 연령층의 규모인데, 30년 전에는 오늘날의 초저출산 역시 전혀 예상하지 못하였음을 보여 준다.

연금재정 관점에서 핵심적인 통계량은 노년 부양비이다. 노년 부양비는 근로 인구(15~64세) 100명당 고령 인구(65세 이상)로 정의되는데, 주목할 점은 실제 노년 부양비가 전망치를 상회한다는 점이다. 물론 이는 사망률과 출산율 모두 기대보다 낮았다는 사실에 기인한다. 그림 13의 실선은 1995~2019년 기간 실제 노년 부양비를, 녹색 점선과 회색 점선은 1995년과 2020년 노년 부양비 전망치를 보여 준다. 실제 노년 부양비와 최근 전망치 모두 30년 전 전망치를 크게 초과하고 있음을 알 수 있다.

예기치 못한 인구 변화가 우리가 처한 연금재정 문제를 초래하는 데 얼마나 큰 역할을 하였는지에 대해서는 구체적으로 알려져 있지 않다. 그러나 미래에 관한 제한된 정보를 감안하면, 장기 인구 변화 예측에 실패하였다는 사실 자체는 그리 놀랍지 않다.

진짜 실패는 우리 사회가 이러한 예기치 못한 인

|그림 13| **한국의 노년 부양비, 1995~2070년**

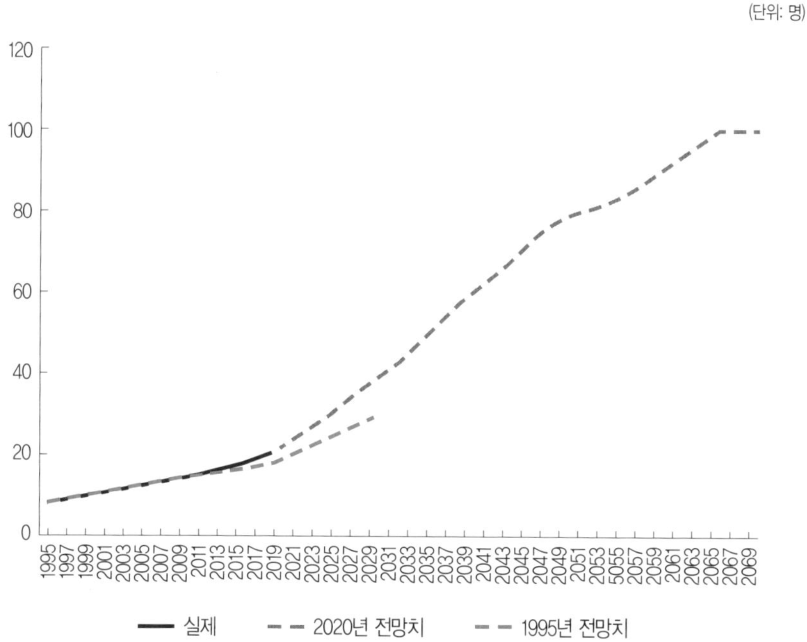

주: 노년 부양비는 생산연령인구(15~64세) 100명당 65세 이상 인구로 정의됨.
자료: 통계청, 「장래인구추계」, 1995, 2020년.

구 변화에 대응하여 공적 연금제도를 조정하지 못하였다는 사실에 있다. 결국 과거 전망과 현실 간 큰 격차를 인지하였을 때, 새로운 인구 전망에 근거하여 그에 맞게 제도를 조정하려는 노력이 정책 대응에서 가장 중요하다. 물론 충분한 제도적 조정 이후에도 또 다른 예기치 못한 인구 변화에 직면할 가능성을 배제할 수는 없다. 그것이 큰 규모라면 향후 추가적인 제도 조정이 요구될 것이다. 그러나 작은 규모라면 자동 안정 장치만으로도 인구에 관한 불확실성이 가져오는 재정 문제에 충분히 대응할 수 있다.

4

대응

국민연금의 지속 가능성을 높이는 제도적 조정

노인 소득 빈곤을 완화하는 제도적 조정

공적 연금은 노후 소득의 핵심 기둥이며, 알려진 더 나은 대안도 없다. 과거의 집단적 선택이 좋지 않았을지언정 이제 와서 그것을 바꿀 수는 없다는 사실, 그리고 먼 장래의 인구 변화는 예측하기 어려울 뿐 아니라 지금 무엇을 하더라도 크게 달라질 수는 없다는 사실을 분명히 인식하고, 가능한 선택지 안에서 최적의 대응을 모색하고 이를 실행하는 것이 필요하다.

국민연금의 지속 가능성을 높이는 제도적 조정

국민연금 재정안정화 개혁

국민연금기금의 소진이 국민연금의 파산이라고 믿는 사람들이 있지만, 이는 사실과 다르다. 기금 소진이 분명 좋은 소식은 아니지만 그렇다고 반드시 파산을 의미하는 것도 아닌데, 이것은 정확히는 국민연금 재정 방식이 적립식에서 완전부과식으로 이행한다는 사실을 의미한다. 기금이 소진되더라도 국민연금은 부과식으로 지속될 것이지만, 문제는 수급자들의 급여를 충당하기 위해 가입자들이 너무 높은 보험료를 부담해야 한다는 점이다. 이를테면 2060년 보험료율 30%의 의미를 이해하기 위해 현행 소득세율과 비교해 볼 수 있다. 연간 근로소득이 1억 원인 가구가 직면하는 한계세율은 35%에 이르지만, 실제로 국세청에 납부하는 세금은 평균적으로 1,000만 원 안팎이다. 갖가지 공제를 적용하고 나면, 소득 수준이 높은 가구라도 평균 실효세율이 10% 수준에 불과한 것이다. 물론 이보다 소득 수준이 낮은 경우 평균 실효세율은 10%에 훨씬 못 미친다. 그에 반해 국민연금 보험료율은 소득세와 달리 누진세가 아니고 비례세이므로 명목보험료율 30%는 소득 수준과 관계없이 평균 실효세율 30%를 의미한다.

더 나쁜 소식은 부과 방식 비용률 전망에 보험료율 인상에 따른 근로자들의 행동 변화는 전혀 고려되지 않았다는 점이다. 근로자들이 보험료를 저축이 아닌 세금으로 인식하는 정도에 따라 노동 공급이 감소할 수 있는데, 그렇게 될 경우 연금 지출을 충당하기 위한 보험료율은 30%보다 더 높아질 수밖에 없다.

이처럼 높은 세부담은 사회 후생을 기하급수적으로 감소시키는데, 지나친 경제적 부담을 이기지 못하는 경우 연금 수급자들의 급여가 삭감되는 초유의 결과가 빚어질 수 있다.

모수 조정

이러한 문제를 완화하기 위한 다양한 국민연금 재정안정화 대안이 제시되고 있다. 그러나 이에 대한 상세한 논의는 이 책의 범위를 넘어선다. 노령보험 급여는 즉시연금 보험금으로 이해할 수 있는데, 즉시연금 보험금은 보험료와 기대여명에 의해 결정된다. 국민연금의 일차적인 문제는 보험료에 비해 지나치게 크게 산정된 보험금으로 이해할 수 있다. 나아가 기대여명의 예기치 못한 증가에 따라 추가적인 보험료 인상과 급여 삭감이 필요하였지만, 두 차례 개혁에도 불구하고 보험료율 및 지급률 등 모수(parameter)의 조정이 충분하지 못하였다. 따라서 가능한 개혁 조치는 기본적으로 당장 보험료율을 인상하고, 연금수급연령을 높이고, 제도가 약속하는 급여 수준을 삭감하는 것 등의 조합이라는 점을 어렵지 않게 짐작할 수 있으며, 가장 현실적인 연금 개혁은 이러한 모습이다.

지속 가능한 방식으로 연금이 운영되는 사례를 살펴보면 개혁 이후의 소득대체율-보험료율 수준을 가늠할 수 있는데, 일례로 캐나다 공적 연금의 경우 40년 가입자 기준 소득대체율 33%에 보험료율은 12% 수준이다(김도형 2023). 성혜영 외(2022)는 1998년

캐나다의 연금 개혁 사례에서처럼, 국민연금 기금 운용 수익률 제고가 보험료율 인상과 결합될 경우 두 조치가 상호 작용하여 재정안정화 효과가 매우 클 수 있음을 보였다. 더 구체적으로, 국민연금 소득대체율을 현행 40% 수준으로 유지한 상태에서 보험료율을 현행 9%에서 15%로 인상함과 동시에 기금 투자 수익률을 1% 포인트 올릴 경우, 기금 소진 시점이 2100년까지 늦추어질 것으로 분석되었다.

자동안정화 장치

최근 스웨덴의 자동조정장치 내지는 일본의 마크로슬라이드와 같은 연금재정 자동안정화 장치가 재정안정화 개혁의 대안으로 종종 제시된다. 여기서 중요한 점은 경제성장률 하락 및 기대여명 증가와 같은 충격에 대응하여 자동적으로 급여를 삭감하거나 수급연령을 인상하는 자동안정화 장치는 장기 재정 불균형 상태의 제도를 장기 재정 안정에 이르게 하는 장치가 아니라는 점이다. 장기 재정 안정은 모수 조정이나 구조적 개혁을 통해서만 달성될 수 있다. 다만 장기 재정에 관한 예측은 출산율, 사망률, 경제성장률 등에 관한 일정한 가정을 전제하는데, 자동안정화 장치는 단기적 현실이 이러한 가정에서 크게 벗어났을 때 구조적 문제가 없는 연금제도가 장기 재정 안정 경로에서 이탈하지 않도록 돕는 역할을 할 뿐이다.

연금 민영화

모수 조정 외에, 가능하지 않지만 일각에서 꾸준히 제기되는 한 가지 대안에 관해 논의할 필요가 있다. 연금 민영화(pension privatization) 주창자들은 지속가능성이 의문시되는 국민연금을 청산하고, 새롭게 적립식 개인계좌제도를 도입해야 한다고 주장한다. 본인이 납부한 보험료를 본인 계좌에 적립해서 은퇴 시 연금화하는 방안은 현 제도하에서는 나중에 기성세대의 짐을 짊어져야 하는 청년들에게 매력적으로 보일지 모르겠다. 연금 민영화 논의는 1980~1990년대에 세계적으로 크게 유행하였고, 그 결과 다수의 중남미 국가들이 이러한 길을 걸었다.

그러나 불행히 연금 민영화는 한국의 맥락에서 전혀 현실적인 대안이 되지 못한다. 새로운 적립식 개인계좌제도를 도입하기 위해서는 우선 기존 제도를 청산해야 한다. 기존 수급자들에게는 평생 약속한 연금이 지급되어야 하므로 이를 위한 재원이 필요하다. 보험료를 납부해 온 기존 가입자들에게는 기납부한 보험료에 상응하는 연금을 은퇴 후 지급하거나, 새로 생기는 적립식 개인계좌에 이미 납부한 보험료의 원리금을 예치해 주어야 한다. 문헌에서는 이 문제를 '이행'(transition)이라고 부른다. 만약 국민연금 적립률이 100%에 가깝다면 이행이 원칙적으로 가능하다. 문제는 국민연금 적립률이 100%에 한참 못 미친다는 점이다. 너무 적은 보험료로 너무 많은 급여를 약속한 상태에서 제도가 너무 오랫동안 운영되어 온 것이다.

당장 연금제도 청산이 일어난다는 가정하에 산정한 부채 규모를 미적립부채(unfunded pension debt)•라고 부른다. 국민연금 미적립부채 규모는 공식적으로 알려져 있지 않지만, 명목 GDP를 넘어서는 수준으로 추정된다. 낙관적으로 보아, 미적립부채가 2022년 명목 GDP에 해당하는 2,161조 원에 불과하다고 가정해 보자. 2023년 현재 국민연금기금 적립금이 974조 원임을 고려하면, 국민연금 청산에 1,187조 원이 부족하게 된다. 부족액은 정부 부채 발행을 통해 조달해야 하는데, 이는 정부가 GDP의 55%에 이르는 부채를 신규로 발행해야 함을 의미한다. 이처럼 암묵 부채의 전부 또는 일부를 일거에 명시적 정부 부채로 전환하는 조치

미적립부채: 이를 충당부채라고도 부른다.

가 초래할 거시경제적 결과는 감당하기 어렵다. 따라서 현재로서는 민영화된 연금제도로의 이행은 전혀 현실적으로 가능한 대안이 될 수 없다.

공적 연금 소득심사 폐지

고령화된 인구를 가진 많은 선진국들이 공적 연금을 부과식으로 운영하고 있기 때문에 한국과 마찬가지로 연금재정 문제에 직면해 있다. 많은 전문가들은 이러한 문제에 대한 부분적인 해결책으로 '더 오래 일하기'(working longer)를 꼽는다(Munnell and Sass 2008; Maestas and Zissimopoulos 2010). 여기서 더 오래 일한다는 것은 장시간 근로를 의미하는 것이 아니고, 개인의 생애주기에서 더 오랜 기간을 근로자로, 더 적은 기간을 은퇴자로 보냄을 의미한다.

20세기 중반에 대다수 선진국들이 공적 연금제도를 갖추었다. 이 시기는 흔히 자본주의 황금기라고 불리는데, 오늘날 구미 선진국들은 이 시기에 인류 역사상 전례 없이 빠른 경제성장과 소득 수준 증가를 경험하였다. 그 결과 20세기 후반에는 많은 사람들이 일찍 은퇴하면서도 높은 연금 급여를 누릴 수 있었다.

이러한 변화는 은퇴 시기 남성의 고용률 통계에

|그림 14| 60~64세 남성 고용률, 1960~2016년 주요 선진국

(단위: %)

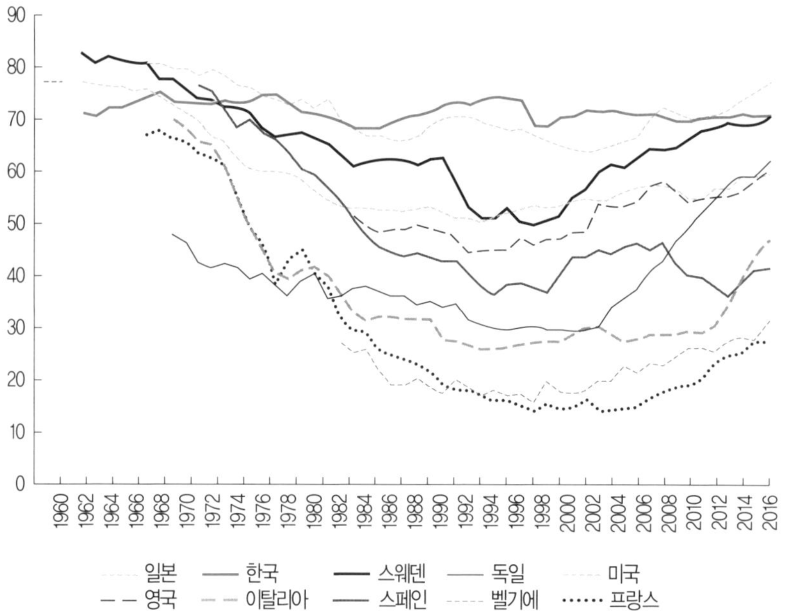

자료: Kim(2019: 44, 그림 1)을 재작성. 원자료는 OECD statistics.

잘 드러난다. 그림 14는 20세기 후반 60~64세 남성 고용률을 국가별로 보여 준다. 검은색 계열로 표시된 구미 선진국들의 경우 공통적인 패턴은 두 가지인데, 1960년대 80%에 이르던 고용률이 1990년대 말까지 크게 하락하였다가, 2000년대 이후 다시 반등한 것이다. 고령 남성 고용률의 극적인 하락은 20세기 후반 노동시장의 가장 뚜렷한 특징 중 하나인데, 이는 공적 연금 수급권이 느슨하고 급여가 지나치게 후했기 때문이다(Gruber and Wise 1998). 그러던 것이 1990년대 중반에 노동 인센티브에 부합하는 방식으로 다수의 공적 연금 조항을 개선하면서 고령 남성 고용률은 다시 상승하였다. 연금 개혁에 실패한 프랑스, 벨기에 등은 60~64세 남성 고용률이 여전히 극히 낮은 수준에 머물고 있다. 반면 연금제도가 없거나 비교적 타이트하게 운영되었던 한국, 일본, 미국 등은 고용률의 부침이 적었다.

이러한 관찰의 시사점은 다음과 같다. 첫째, 사람들은 연금 조항이 내포하는 노동 인센티브에 반응한다. 둘째, 공적 연금에 관한 규정은 경제 전체의 노동 공급에 영향을 줄 만큼 중요하다. 셋째, 대다수가 60세에 은퇴하는 시대는 끝났다.

'더 오래 일하기'와 관련하여 몇 가지 선결되어야 할 이슈가 있다. 첫째, 노인들이 더 오래 일할 수 있는 건강 여력이 있는가, 둘째 노인들이 더 오래 일할 의사가 있는가, 셋째 공적 연금제도를 포함한 제도적 환경이 노동 인센티브를 적절히 제공하고 있는가이다. 그림 14에서 확인할 수 있는 것처럼, 한국의 고령층은 다른 선진국들에 비해 이미 고용률이 상당히 높

|그림 15| **한국 남성의 연령별 사망률: 1986년과 2016년**

(단위: %)

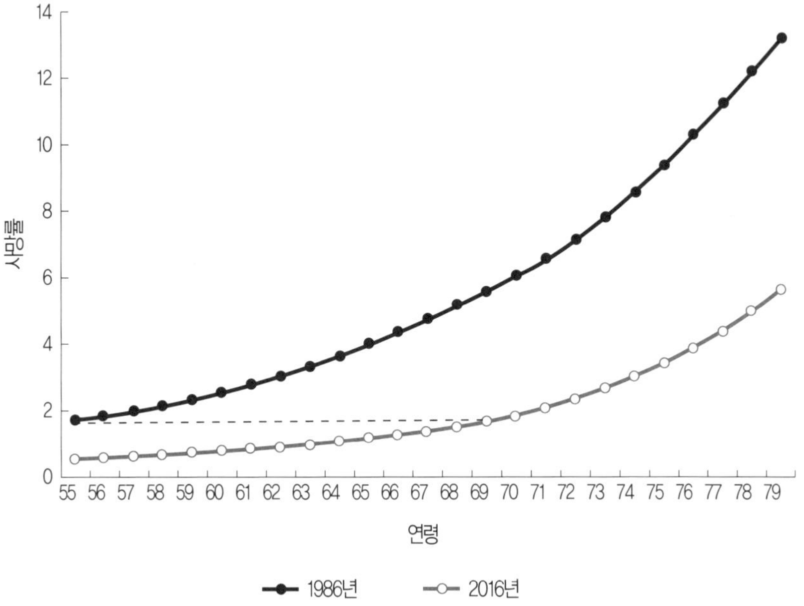

자료: 통계청, 2018년 완전생명표로부터 저자 작성.

다. 그러한 상황에서 고용률의 추가적 증대를 기대하는 것이 가능할까.

그림 15는 2016년 55~79세 남성의 연령별 사망률을 1986년과 비교한 것이다. 사망률은 긴 시기에 걸쳐 비교 가능한 건강의 기본 척도인데, 그림 15의 점선은 2016년 69세 남성의 사망률이 1986년 기준 55세 남성의 사망률 수준임을 보여 준다. 다시 말해, 오늘날

|그림 16| **한국 남성의 건강 수준별 고용률: 1986년과 2016년**

(단위: %)

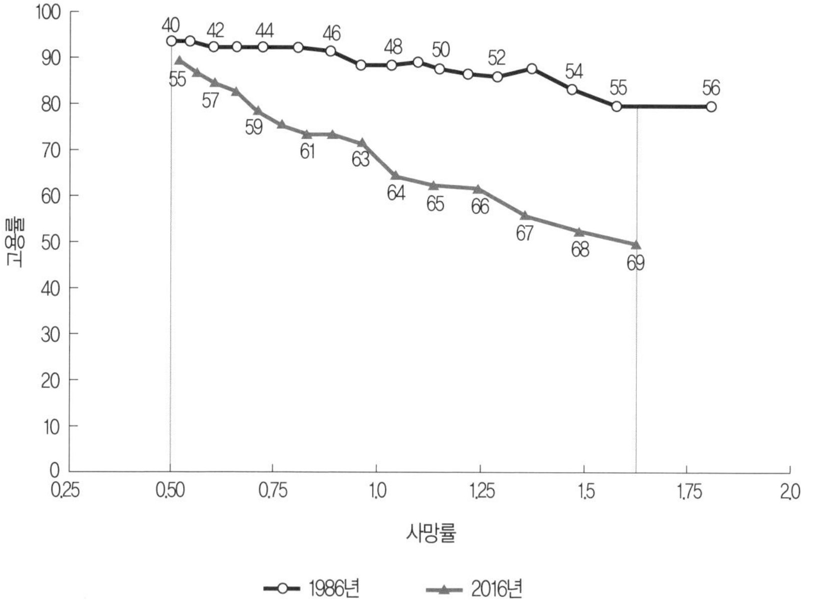

주: 원과 삼각형에 있는 숫자는 연령을 나타냄.
자료: Kim(2019: 49, Figure 3) 전재. 원자료는 통계청, 「2018년 완전생명표」 및 1986~2016년 「경제활동인구조사」.

고령 남성은 과거의 중년 남성 수준으로 매우 건강하다. 특히, 고령층 건강 개선은 정도의 차이는 있겠으나 향후에도 지속될 것으로 기대된다.

그림 16은 1986년과 2016년 기준 건강 상태(사망률)에 따른 고용률을 보여 준다. 2016년 55세 남성의 건강 수준은 1986년 39세 남성과 유사한데, 고용률에 큰 차이가 없다. 반면 2016년 69세 남성의 건강 수준

은 1986년 55세 남성의 건강 수준과 유사한데, 고용률은 30% 포인트 이상 낮은 것을 알 수 있다. 바꾸어 말하면, 오늘날 57~69세 남성은 추가적인 근로를 위한 충분한 건강 여력을 갖추고 있다고 평가할 수 있다.

노동 공급은 자발적인 결정이므로 건강 여력을 갖추었다고 해서 노동시장에 참여한다는 보장은 없다. 고령 근로자들의 노동 의향도 중요하다. 이것은 조사 자료를 통해 짐작할 수 있는데, 2018년 기준 55~59세 남성의 90%, 60~64세 남성의 85%, 65~69세 남성의 72%가 더 오래 일할 의사가 있다고 응답하였다. 희망 은퇴연령은 70~74세가 가장 높았는데, 75세 이상이라고 응답한 사람의 비중도 매우 높았다(Kim 2019). 물론 이러한 높은 노동 공급 의사는 주로 노후 대비가 부족한 상황을 반영하지만, 더 길게 일하고자 하는 이유로 '일하는 즐거움'을 꼽은 사람의 비중도 34%에 이른다.

고령층이 건강 여력을 갖추고 있고, 더 일할 의사가 있다고 하더라도, 이를 위한 노동시장 상황과 제도적 환경이 적절히 갖추어지지 못한다면, 고령층이 노동을 기피하거나 고용되지 않을 수 있다. 여기서 정책적 개입을 통해 바꿀 수 있는 것은 제도적 환경인데, 그중에서도 노동 공급 유인에 영향을 미치는 공적 연금 조항이 중요하다.

서구 선진국 공적 연금제도와 마찬가지로, 국민연금도 조기 은퇴를 유도하는 조항들이 몇 차례 법 개정을 거치면서 대부분 개선되었다. 이를테면 수급 연령을 인상하고, 지나치게 후한 급여를 삭감하고, 연금 조기 수급 시 급여를 삭감하였다. 그러나 여전히 남아 있는 한 가지 문제는 공적 연금 소득심사제도이다. 소득심사란 쉽게 말해 수급자가 일을 하면 연금을 삭감하는 제도인데, 이것은 '더 오래 일하기'라는 정책 방향에 전혀 부합하지 않는다.

세계적으로 소득심사는 완화되거나 폐지되는 추세에 있다(김도형 2020). 국민연금 소득심사 역시 2015년 개혁으로 크게 완화되었지만, 제2장에서 살펴보았듯이 여전히 살아남아 있다. 그림 17은 2015년 소득심사 완화 이전과 이후 주당 노동시간의 변화를 보여준다. 개혁 이후 완화된 소득심사제도의 적용을 받은 고령층(1954년 8월 이후 출생)은 더 엄격한 소득심사의 적용을 받은 집단(1954년 7월 이전 출생)에 비해 주당 노동시간을 늘린 것을 볼 수 있다. 소득심사제도에 대

|그림 17| **국민연금 소득심사 완화에 따른 고령층 노동 공급 변화**

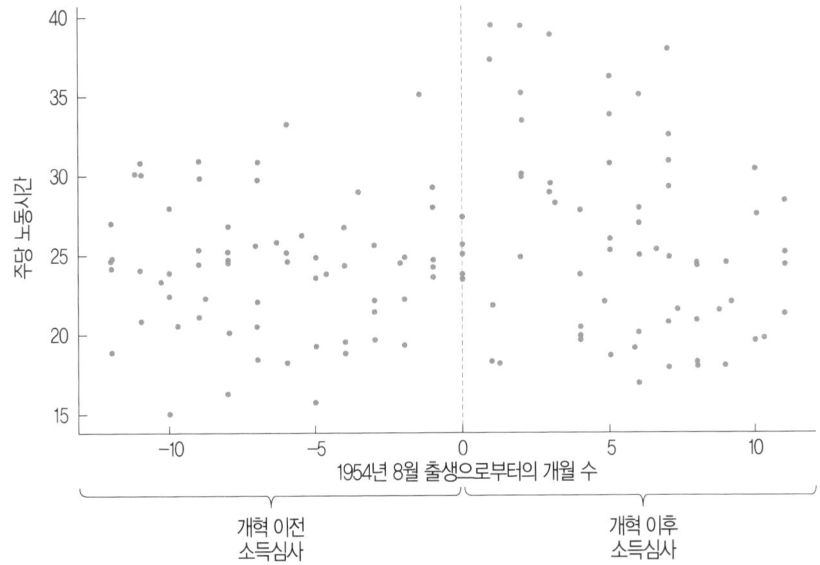

주: 분석 방법에 관한 상세한 내용은 김도형(2020) 참조.
자료: 『경제활동인구조사 5월 고령층 부가조사』 원자료로부터 저자 작성.

한 고령층의 민감한 반응은 공적 연금 조항이 고령층의 노동 공급 혹은 은퇴 선택에 중요한 영향을 미칠 수 있음을 시사한다.

소득심사제도를 폐지해야 하는 이유는 많지만, 가장 중요한 이유는 정부가 고령층의 노동 공급 의사결정에 관해 잘못된 신호를 보낸다는 점이다. 고령층 노동 공급은 공적 연금 재정 문제를 넘어서는 문제이며 한국경제의 미래에 매우 중요할 수 있다(이철희 2022). 그러한 관점에서 고령층의 근로를 장려하는 방향의 전반적인 정책 체제가 한국 사회에 불가결한데, 공적 연금 소득심사는 은퇴를 고려할 나이에 접어든 연령층에 일하면 손해라는 강력한 신호를 전달한다. 둘째, 공적 연금 소득심사제도가 실제로 고령층 노동 유인을 크게 왜곡함으로써 경제적 효율성을 저해하고 있다는 상당한 실증적 증거가 축적되어 있다. 셋째, 노령연금 급여는 보험료 납부를 통해 얻은 권리(entitlement)이므로 근로소득의 과소에 관계없이 행사되는 것이 형평성에 부합한다. 넷째, 일부 연구자들은 소득심사제도를 소득 재분배 차원으로 보는 경향이 있는데, 국민연금은 이미 명시적인 소득 재분배 메커니즘을 내장하고 있을 뿐 아니라, 소득심사에 자산은 고려되지 않는다. 소득 재분배는 소득뿐 아니라 자산을 고려하여, 국민연금제도가 아닌 국가의 조세재정 시스템을 통해 달성하는 것이 바람직하다. 마지막으로, 소득심사제도는 수급자들이 노동이 아닌 은퇴를 선택하게 함으로써 연금 지출 절감에 실제로는 거의 도움이 되지 못한다.

신중한 접근이 요구되는 대안

은퇴연령 연장

더 오래 일하기 관점에서 자주 논의되는 주장은 법정 은퇴연령을 높여야 한다는 것이다. 언뜻 이것은 더 오래 일하기 위한 당연한 수순처럼 보이지만, 한국의 노동시장 환경이라는 특수한 맥락에서는 좋지 못한 선택이 될 가능성이 높다.

다른 모든 선진국에서 은퇴연령(retirement age)은 정확히 노령연금 수급연령(NRA)을 의미한다. 그리고 실제로 노령연금 수급연령은 한결같이 상향 조정되고 있다. 반면 한국에서는 은퇴연령에 두 가지 다른 의미가 있는데, 하나는 노령연금 수급연령이고, 다른 하나는 정년이다. 은퇴연령을 높이자는 주장은 열에 아홉 정년을 두고 하는 주장이다. 선진국에 은퇴연령이 하나인 이유는 정년이 없기 때문이다.

한국의 정년은 일본의 정년제를 모방한 것으로, 노동시장을 경직적으로 만드는 고용보호제도이다. 사실 고령 근로자가 노동시장에 남기 위해 반드시 정년 연장이 필요한 것은 아니다. 지금도 법적 정년은 60세에 불과하지만, 실제로 많은 남성 근로자가 70세 이후에야 노동시장에서 퇴장한다. 정년은 고용이 허락된 나이가 아니고, 계속 고용이 보장되는 나이인 것이다.

이러한 독특한 고용보호제도가 연공급과 결합되면 노동시장의 경직성은 증폭된다. 임금이 수요와 공급에 따라 조정되는 시장이라면 정년이 별 의미가 없다. 주어진 시장임금에서 근로자가 일할지 은퇴할지 선택하면 그만이고, 그것이 사회적으로도 최적이다. 그러나 선진국들 가운데 연공급이 가장 지배적인 한국에서는 임금이 시장에서 결정되지 않고 근무이력에 비례하여 기계적으로 결정된다(OECD 2019). 그 결과 근로자가 나이가 들수록 생산성과 임금 간의 괴리는 더 커진다. 그런데 한국에서는 낮은 생산성이 합법적인 해고 사유가 될 수 없기 때문에, 기업은 생산성이 극히 낮은 근로자라 할지라도 정년까지는 계속적으로 고용할 수밖에 없다.

이러한 임금과 고용의 경직성을 부분적으로 해소하기 위해 임금피크제가 도입되고 있으나, 임금 하락률이 낮고 그마저도 법리 다툼으로 실효를 거두지 못하고 있다. 이처럼 임금과 고용이 경직적인 한국의 노동시장 환경에서 정년이 연장되거나 극단적으로 폐지

될 경우 고용 감소가 불가피하다. 결국 한국 노동시장의 특수성을 감안하면, 공공부문을 포함한 정년 연장 또는 폐지는 시대에 역행하는 조치가 될 가능성이 높다.

덧붙여, 정년 연장에 반대하는 또 다른 근거로 정년 연장에 따른 청년 고용 감소 효과를 들기도 한다. 일반적으로 청년과 고령 근로자가 단기적, 국지적으로 상호 대체될 수 있으나, 장기적으로는 그렇지 않다. 이를테면, 제2차 세계대전 이후 여성 고용의 놀라운 증가가 남성 고용을 대체하지 않았다. 경제학자들은 집단 간 고용 대체를 믿지 않으며, 이를 고정된 노동력 오류(lump-of-labor fallacy)라고 부른다(Lemieux 2014). 그러나 최근 한국에서처럼 임금의 조정 없이 정년이 연장되는 특수한 상황에서는 정년 연장의 결과 청년 일자리가 감소하는 고용 대체가 발생할 수 있다(한요셉 2019; 김대일 2023).

인구정책

인구 고령화가 초래하는 문제는 인구정책으로 풀어야 한다는 인식이 만연해 있다. 인구정책은 정부가 출산율 또는 이민 유출입에 개입하는 정책으로 이해할 수 있는데, 중국, 일본, 한국 등지에서 당연시되는 저출산 대응정책은 구미에는 없다. 저출산 대응정책이 부재한 이유는, 첫째 인구 고령화가 어떤 문제를 초래하든지 간에 더 오래 살고 더 적게 낳는 것은 일차적으로 좋은 일이라는 점, 둘째 어떤 개인이 출산하지 않는 것이 본인에게 최선이라는 판단을 하였다면, 자유로운 국가에서 그러한 판단은 존중받을 필요가 있다는 인식이 존재하기 때문일 것이다.

물론 한국의 저출산 대응정책과 유사한 프로그램들이 가족정책(family policy)으로 도입되어 있다. 그러나 출산율 제고는 기껏해야 부차적인 목표이고, 가정과 일의 균형을 회복하고 아이들을 건강하게 키우는 일에 프로그램의 초점이 있다.

분명히 한국의 과도하게 낮은 출산율은 우리 사회 근저에 있는 모종의 문제 상황과 불안한 미래 인식을 반영하는 강력한 징후이다. 청년 실업, 성 불평등, 수도권 집중과 주거 불안 등의 문제 상황을 해소하기 위한 정책 대응은 반드시 필요하다. 하지만 그렇다고 해서 저출산 대책이 부과식 사회보험 재정 문제의 해결책으로 이해되어서는 곤란하다.

인구 고령화가 초래하는 가장 두려운 결과는 아

마도 공적 연금을 비롯한 부과식 프로그램의 재원 조달을 위해 미래 세대에 부과될 과중한 보험료율과 그로 인해 초래될 엄청난 사회적 후생 손실 및 세대 간 형평성 악화이다. 그런데 공적 연금 장기 재정 불안의 가장 큰 원인은 앞서 살펴본 바와 같이 보험료율에 비해 지나치게 많은 급여를 약속한 구조가 오랜 기간 지속되어 왔다는 점에 있다. 오히려 낮은 출생률에 따른 재정 악화 효과를 지나치게 강조하면, 저출산 대책이 정치적 합의에 이르기 까다로운 공적 연금 개혁을 대체하거나 시간을 벌어줄 수 있다는 착각을 낳을 위험이 있다.

사실 가족정책 특히 현금지원이 출산율을 유의미하게 증가시킨다는 뚜렷한 인과적 증거는 없는데, 설사 가족정책이 단기간에 출산율 제고로 이어진다 하더라도, 그것만으로는 부과식 공적 연금이 처한 문제를 전혀 해결할 수 없다. 출산율이 올라가더라도 가까운 미래의 인구 구조에 큰 영향을 미칠 수 없기 때문인데, 그 이유는 간단하다. 출산율 증가로 인해 태어난 아기가 근로가능인구가 되는데 긴 시차가 존재할 뿐 아니라, 낮은 출산율이 한동안 지속된 결과 가임 여성의 수가 이미 크게 감소하였기 때문에 여성 한

명당 출생아 수가 증가하더라도 결국 추가적인 출생아는 그 수가 제한적일 수밖에 없기 때문이다.

가장 현실적인 인구 전망을 전제한 뒤, 그에 맞추어 공적 연금 개혁에 정치적 자원을 집중할 필요가 여기에 있다. 오히려 반대로 연금 개혁이 출산율 제고에 도움이 될 수 있다. 결혼 및 출산 결정 과정에 아이의 미래 세부담이 고려된다면, 연금 개혁이 빨라질수록 미래 세대의 부담이 완화되고 따라서 출산 결정에도 긍정적인 영향을 줄 수 있다.

인구정책의 또 다른 축인 이민정책은 개인의 출산 결정에 비해 직접적 개입의 여지가 높다는 점에서 우리 사회가 훨씬 더 전향적인 자세로 검토할 필요가 있다. 인구 고령화로 인한 재정 부담을 완화할 수 있는 이민 유입의 규모는 상당히 큰 것으로 알려져 있다. 중국, 일본 등과 더불어 세계사적으로 유례없이 인종적 동질성을 장기간 유지한 한국은 이질적 문화의 대규모 유입에 따라 사회적 비용을 치를 수 있는데, 큰 진통 없는 자연스러운 동화를 위해서는 외국인뿐 아니라 내국인 교육을 포함한 다각도의 정책적 개입이 요구될 수 있다.

일반적으로 재정에 도움이 되는 이민은 고숙련 근

로자의 유입이다(Hur 2020). 그러나 한국이 이를테면 구미 선진국 내지는 홍콩, 싱가포르 등 아시아의 다른 국제적 도시들과 비교하여 고숙련 근로자를 유인할 충분한 경쟁력을 갖추고 있는지는 의문이다. 저숙련 외국인 근로자들이 저숙련 백인 내국인 근로자들과 갈등 관계를 형성한 미국이나 유럽과 달리, 한국 근로자들은 대체로 교육 수준이 높다. 저숙련 외국인 근로자들의 대량 유입도 과연 도움이 될 수 있을지 꼼꼼히 따져볼 필요가 있다.

노인 소득 빈곤을 완화하는 제도적 조정

공적 연금 지속 가능성 제고

2016년 미국의 은퇴 근로자들이 매월 받는 사회보장연금 급여는 1,360달러, 배우자가 받는 액수는 708달러이다(사회보장연금은 수급자의 배우자에게도 지급된다). 같은 해 미국의 1인당 명목국민소득(57,867달러)의 30%에도 미치지 못하는 금액이지만, 미국 은퇴자들의 대다수가 기본적으로 사회보장연금 급여(노령, 유족, 장애연금)에 의존하고 있다. 부부의 경우 사회보장연금 급여가 소득의 50% 이상을 차지하는 비중이 50%,

소득의 90% 이상을 차지하는 비중이 23%에 이른다. 독신 노인의 경우 그 비중은 더 높은데, 사회보장연금 급여가 소득의 50% 이상을 차지하는 비중이 71%, 90% 이상을 차지하는 비중이 43%에 이른다(Diamond 2018).

국민연금은 뒤늦게 시행되었기 때문에 아직 미국의 사회보장연금처럼 노후 소득 확보에 큰 역할을 하고 있지 못하지만, 2018년 이후 은퇴자부터 점점 더 그 중요성을 체감하게 될 것이다. 실제로 국민연금 수급자는 지난해 600만 명을 돌파했는데, 최근 2년 사이 100만 명 늘어난 것이다. 국민연금 수급자 수가 빠르게 증가할 것으로 기대되는 만큼 노인 소득 빈곤율의 하락은 시간의 문제일 수 있다.

한국의 높은 노인 소득 빈곤율이 연금소득의 부재에 기인한다고 지적하였는데, 상당수 노인들은 개인 자산을 축적하는 방식으로 노후 소득 위험에 대응해 왔다. 이를테면 60세 이상 노인 가구의 70%는 자가거주자인데, 주택은 노인들이 보유한 자산의 가장 큰 비중을 차지한다. 자산을 무시하고 소득만으로 노인의 빈곤 여부를 판단하는 것은 한국의 맥락에서 적절치 않을 수 있다.

|표 10| **우리나라 노인 가구의 소득-재산 결합분포, 2015년**

가처분소득 (5분위수)	순자산(5분위수)					
	첫 번째	두 번째	세 번째	네 번째	다섯 번째	소계
첫 번째	14.21	8.72	7.03	5.26	5.57	40.79
두 번째	3.51	3.49	4.00	3.73	4.28	19.01
세 번째	1.67	2.15	2.44	3.47	4.84	14.57
네 번째	0.61	1.42	1.95	3.52	5.10	12.59
다섯 번째	0.23	0.57	1.21	2.37	8.67	13.04
소계	20.22	16.34	16.63	18.36	28.45	100.00

자료: 김도형·이영욱(2016: 79, 표 2-28) 전재.

표 10은 2015년 60세 이상 비농업 노인 가구에 대하여 가처분소득-순자산의 결합분포를 보여 준다. 가처분소득과 순자산은 전체 가구를 기준으로 5분위수를 산정한 것인데, 이를테면 가처분소득 첫 번째 5분위는 가처분소득 하위 20%를, 순자산 다섯 번째 5분위는 순자산 상위 20%를 의미한다. 표 10에 따르면, 가처분소득 하위 40% 이하 노인 가구 중에서 순자산이 전체 가구 상위 40%에 이르는 가구의 비중은 31.5%에 이른다. 노인 가구는 자산을 주로 주택 형태로 보유하기 때문에 이들 가구는 소득이 필요하다면 주택을 유동화할 수 있다. 정부는 2007년 이래로 매우 관대하고 유연한 주택 유동화 제도인 주택담보노후연금제도(주택연금)를 운영하고 있는데, 주택연금 신

규가입 건수는 최근에도 매년 수천 건 수준에 머물고 있다. 이러한 사실은 노인 인구의 절반에 가까운 높은 노인 소득 빈곤율에도 불구하고, 대다수 한국 노인들은 필수적인 지출을 감당하기 어려운 소득제약에 직면하고 있지는 않으며, 반대로 심각한 소득제약에 직면한 소수의 노인들은 소득뿐 아니라 자산도 매우 부족한 극빈층일 가능성을 가리킨다.

이러한 사실은 조세를 통해 해마다 22조 원 이상 지출되는 기초연금의 설계가 매우 불합리하다는 사실을 시사하는데, 현재 노인 가구 중 소득 및 재산 기준 상위 30%를 제외한 모든 노인 가구에 폭넓게 지급되는 기초연금은 수급 대상자 범위를 대폭 줄이고 급여 수준은 충분히 높이는 방식으로 크게 쇄신될 필요가 있다. 이를 통해 절감된 국가 재정은 다른 바람직한 사회적 목표를 위해 투자될 수 있을 것이다.

사회보험 사각지대 해소

지면의 제약으로 국민연금 사각지대에 관해서는 충분히 다루지 못하였지만, 영세사업장에서 낮은 임금으로 일하는 많은 근로자들이 국민연금과 고용보험에 가입하고 있지 않다. 국민연금이 단순히 노령연금이 아니고 유족연금이자 장애연금임을 고려할 때, 이들 근로자들이 불법적으로 국민연금에 가입하지 않는 것은 당사자뿐 아니라 사회 전체적으로도 바람직하지 않을 가능성이 높다.

국민연금이 보험료율에 비해 관대한 급여를 보장함에도 불구하고 2022년 현재 수급자들 가운데 월 100만 원 이상 급여를 받는 비중은 7%에도 미치지 못한다. 상당수 수급자들이 조기노령연금을 선택하여 급여가 감액된 결과이기도 하지만, 주된 이유는 가입기간이 짧기 때문이며 이는 많은 근로자들이 비공식 부문에서 근로하면서 국민연금 보험료를 납입하지 않았기 때문이다.

다행히 국민연금 사각지대는 점차 축소되어 현재 전체 근로자의 20% 미만 수준으로 낮아진 상황이다(권태구 외 2022). 하지만 미국의 경우 1935년 노령보험 도입 이후 16년 만에 사각지대를 10% 미만으로 축소하였고, 오늘날에는 사각지대가 없다는 사실에 비추어 보면, 국민연금은 아직 갈 길이 남았다고 볼 수 있다(Miron and Weil 1998).

영세사업장 근로자들의 사회보험 미가입이 사용자 측의 명시적, 암묵적 거부에서 비롯된다는 의심이 오래전부터 있어 왔지만, 최근의 연구 결과는 그러한 가능성을 지지하지 않는다(권태구 외 2022). 법적 의무임에도 불구하고 일부 근로자들이 국민연금 가입을 주저하는 이유는 한편으로 법의 강제가 지나치게 느슨하고, 다른 한편으로 국민연금의 작동 방식과 편익에 대한 이해가 부족하기 때문이다. 특히, 적지 않은 국민들이 국민연금의 지속 가능성에 의문을 품고 미래 급여 수급이 불확실하다고 믿는 점을 고려할 때, 보험료 부과·징수 시스템을 강화함과 동시에 하루빨리 국민연금 개혁을 통해 장기 재정 안정을 달성하는 것이 장래 노인 소득 빈곤을 완화하는 데 도움이 될 것이다.

나가며

우리는 공적 연금제도를 검토하면서, 줄곧 인구 고령화의 진전으로 인해 근로 인구가 상대적으로 부족한 미래 세계를 상정하였다. 불행히 현재로서는 국민연금이 100년 이상의 시계(time horizon)에서 재정 안정을 달성할 수 있는 현실적인 방안은 존재하지 않는 것으로 보인다.

하지만 미래는 예측하기 어려운 것이다. 사실 일각에서는 노동 수요에 비해 노동 공급이 과잉인 세계, 즉 인공지능을 갖춘 로봇이 인간 노동을 완전히 대체하는 세계에 관해 걱정하기 시작했다. 그런 세상에서 사회보장제도는 어떤 모습을 갖게 될까.

사회보험은 사실 18~19세기 공업화의 산물이었다. 사회 구성원의 대다수가 임금노동자가 됨에 따라 20세기 사회보험은 임금에 부과되는 보험료를 재원으로 운영되었다. 만약 로봇 세상이 도래하여 사회 구성원의 대다수가 노동을 하지 않게 된다면 사회보험은 더 이상 사회보장제도의 근간으로 기능할 수 없게 될 것이다. 아마도 그러한 세계에서는 기본소득이라는 보편적, 정기적 현금 급여가 핵심적인 역할을 하게 될 것이다(양재진 2020; 제8장).

또한 인공지능 로봇 세상은 노동 생산성이 지극히 높은 사회이다. 그러한 사회에서는 고용된 소수로부터 고용되지 않은 대다수로 소득이 재배분되는 것이 불가피하다. 젊은이 한 명이 10명의 노인도 큰 어려움 없이 부양할 수 있을 것이고, 이 경우 사회보험 내지는 기본소득의 재정 문제는 자연스럽게 해결된다.

물론 기본소득의 전제인 고도로 발달한 로봇과 지극히 높은 생산성은 아직 눈앞에 있지 않다. 따라서 우리는 불확실한 인공지능 로봇의 도래가 아닌, 아주 분명하고 예측 가능한 인구 고령화가 초래하는 도전에 대비하여 사회 제도적 조정을 실행해야 한다.

하지만 기술 진보가 제시하는 광활한 가능성은 사회보험 재정안정화에 관한 완전한 해결책이 존재하지 않는다는 사실에 우리가 전혀 좌절할 필요가 없음을 시사한다. 이를테면, 오늘의 개혁을 통해 국민연금이 2100년까지 큰 어려움 없이 유지될 수 있다면 그것만으로 충분할 수 있다. 불완전해 보이는 개혁일지라도 당장 실행에 옮기되, 만약 로봇 세상이 예상보다 더 일찍 도래한다면 그 과실은 미래 세대가 충분히 향유하도록 두어도 좋을 것이다.

참고문헌

국민연금사편찬위원회(2015), 『실록 국민의 연금』, 국민연금공단 국민연금연구원.

국민연금재정계산위원회(2023. 9. 1), 「국민연금 제도개선 방향에 관한 공청회」.

국민연금재정추계위원회(2018. 8), 「제4차 국민연금 재정계산 장기 재정전망 결과」.

국회예산정책처(2020. 7. 15), 「4대 공적 연금 장기 재정전망」, NABO 브리핑 제90호.

권태구·김도형·장신철(2022), 『사회보험료 지원사업 10년, 평가와 개선과제』, 한국기술교육대학교 고용직업능력개발센터.

김대일(2023), 「정년연장의 청년층 일자리 효과」, 『노동경제논집』 46(1), 69~100.

김도형(2015), 「각국의 공적연금 개혁: 인구 고령화와 정책대응」, 윤희숙 편, 『연금연구: 연금 개혁을 중심으로』, 한국개발연구원.

______(2016), 「두루누리 사회보험 지원사업의 성과평가와 정책적 시사점」, 『KDI FOCUS』 통권 제75호.

______(2020), 「국민연금 소득심사제도와 고령층 노동 공급」, 이태석 편, 『인구 구조 변화에 대응한 구조개혁 방안』, 한국개발연구원.

______(2023), 「캐나다 연금 개혁의 시사점」, 이강구 편, 『연금 개혁과제』, 한국개발연구원.

김도형·이영욱(2016), 『보완적 노후 소득 보장방안 연구』, 한국개발연구원.

김혜진(2017), 『노령연금 수급실태에 관한 연구』, 국민연금공단 국민연금연구원.

문형표(1995), 『국민연금제도의 재정건실화를 위한 구조개선방향』, 한국개발연구원.

민재성 외(1986), 『국민연금제도의 기본구상과 사회경제 파급효과』, 한국개발연구원.

생생플러스(2013. 10. 25), 「기초연금의 원조 유시민, '복지를 논하다'」.

성혜영·김혜진·최웅비·신승희(2022), 『국민연금 재정목표 달성을 위한 제도 및 기금 운용 개선』, 국민연금공단 국민연금연구원.

세계일보(2019. 9. 26), 「[서상목 사회복지협의회장] 국민연금 부분 손질로는 '고갈' 못 막아」.

양재진(2020), 『복지의 원리』, 한계레출판.
이용우·이미진(2014), 「국가 간 비교분석을 통한 한국 노인빈곤 심각성의 원인에 대한 연구, 『한국지역사회복지학』 제48권, 291~318.
이철희(2022), 「장래 인구 변화가 노동투입 규모에 미치는 영향」, 『노동경제논집』 제45권 제2호, 37~68.
이태석·최용옥·김도형(2016), 『공적 연금 재정추계모형 개발: 공무원연금 재정추계모형을 중심으로』, 한국개발연구원.
최옥금(2023), 「현행 기초연금의 문제와 개선방안」, 국민연금 재정계산위원회 7차 회의 자료, 미발간 자료.
한요셉(2019), 「60세 정년 의무화의 영향: 청년 고용에 미치는 영향을 중심으로」, KDI 정책연구시리즈 2019-03.
Costa, Dora(2000), "Understanding the twentieth-century decline in chronic conditions among older men," *Demography*, 37(1), 53~72.
Deaton, Angus(2015), *The Great Escape: Health, Wealth, and the Origins of Inequality*, Princeton University Press(이현정 역(2015), 『위대한 탈출』, 한국경제신문).
Diamond, Peter(2018), "The future of social security," *Economic Inquiry*, 56(2), 661~681.
Engelhardt, Gary V. and Jonathan Gruber(2006), "Social security and the evolution of elderly poverty," Alan Auerbach, David Card, and John Quigley, eds., *Public Policy and the Income Distribution*, Russell Sage Foundation.
Finkelstein, Amy and James Poterba(2002), "Selection effects in the United Kingdom individual annuities market," *Economic Journal*, 112, 28~50.
Fogel, Robert(2010), *The Escape from Hunger and Premature Death, 1700-2100: Europe, America, and the Third World*, Cambridge University Press.
Gruber, Jonathan and David A. Wise(1998), "Social security and retirement: An international comparison, *American Economic Review*, 88(2), 158~163.
Hur, Jinwook(2020), "Immigration to Korea: A fiscal boon or burden?" *KDI Journal of Economic Policy*, 42(4), 27~58.
Kim, Dohyung(2019), "Health Capacity to Work at Older Ages in South Korea: Estimates and Implications for Public Pension Policies," *KDI Journal of Economic Policy*, 41(2), 41~58.

Leech, Jim and Jacque McNish(2015), *The Third Rail*, Sigral.

Lemieux, Pierre(2014), "The lump-of-labor fallacy," in *Who Needs Jobs? Spreading Poverty or Increasing Welfare*, Palgrave Macmillan.

Maestas, Nicole and Julie Zissimopoulos(2010), "How longer work lives ease the crunch of population aging," *Journal of Economic Perspectives*, 24(1), 139~160.

Miron, Jeffrey A. and David N. Weil(1998), "The genesis and evolution of social security," in Michael D. Bordo, Cloudia Goldin, and Eugene W. White, eds., *The Defining Moment*, University of Chicago Press, 1998.

Munnell, Alicia and Steven A. Sass(2008), *Working Longer: The Solution to the Retirement Income Challenge*, The Brookings Institution.

OECD(2019), *Working Better with Age*, Ageing and Employment Policies, OECD Publishing, Paris.

______(2022), 『OECD Health Statistics 2022』, 보건복지부·한국보건사회연구원.

Rich, Motoko and Hikari Hida(2023), "A yale professor suggested mass suicide for old people in japan. What did he mean?," *The New York Times*, Feb. 12, 2023.

찾아보기

[ㄱ]

가입 기간 · 40
가입 기간 합산협정(totalization agreement) · 40
가입 의무(mandate) · 18
가입자 · 29
가족정책(family policy) · 115
개인연금 · 19
건강보험공단 · 80
건강 여력 · 108
고용보험 · 31
고용보호제도 · 112
고정된 노동력 오류(lump-of-labor fallacy) · 114
공무원연금 · i
공무원연금법 · 42
공적 연금 · i
국민건강보험 · 44
국민기초생활보장 · 30
국민복지연금법 · 42
국민복지연금제도 · 42
국민연금 · i
국민연금공단 · 30
국민연금기금 · 73
국민연금발전위원회 · 63
국민연금법 · 54
국세청 · 80
군인연금 · 19
군인연금법 · 42
근로기준법 · 55
근로소득 · 31
근로소득 위험 · 13
급여 산식 · ii
기간 간 소비 평탄화 · 14
기대여명 · 13
기댓값 · 16
기본소득 · 125
기본연금액 · 34
기여금 · 31
기여년수 · 77
기준소득월액 · 31
기초노령연금 · 65
기초연금 · i
김만제 · 44

[ㄴ]

나라타 유스케 · 1
노년 부양비 · 74
노동 공급 · 108

노동 인센티브 · 105
노령보험 · 13
노령연금 · 32
노인 소득 빈곤 · 4

[ㄷ]

당연가입 · 19
대수의 법칙 · 16
도시 지역 확대 적용 · 79

[ㄹ]

레몬 · 20
로봇 · 125

[ㅁ]

마크로슬라이드 · 100
물가 연동 · 23
미적립(underfunded) · 24
미적립부채 · 102
민간저축 · 44

[ㅂ]

박정희 · 44
반환일시금 · 32
별정직연금 · 19
보건사회부 · 44
보험계리적 조정 · 38
보험금 · 15
보험료 · 14
보험료 면제 협정 · 40
보험료율 · ii
보험료 이중부과 · 40
보험료 추납제도 · 63
복숭아 · 20
부과 방식 비용률 · 7
부과식(pay-as-you-go) 제도 · 24
부과징수체계 · 71
부담금 · 31
부양가족연금액 · 34
분할연금제도 · 61
불확실성 · 13
비공식 부문 · 31, 79
비기여형 연금 · i
비상조치 · 46
비정형 근로자 · 29

[ㅅ]

사각지대 · 79
사공일 · 54
사립학교교직원연금법 · 42
사망률 · 87
사망일시금 · 32
사업소득 · 31
사업장가입자 · 29
사적 연금 · 19
사적 정보 · 20
사회보장번호(social security number) · 51

사회보장심의위원회 · 44
사회보장연금 · 75
사회보장협정 · 40
사회보험 · 31
사회보험료 · 81
산별노조 · 20
산업재해보상보험 · 80
상병급여 · 19
상태 · 15
상태 간 소비 평탄화 · 15
석유파동 · 51, 53
소득대체율 · 35
소득비례연금 · 49
소득 빈곤율 · 4
소득심사 · ii
소득 재분배 · 17
수급자 · 29
수명 위험 · 13
순저축 · 44
스태그플레이션 · 51
시장실패 · 21
신현확 · 52
쌍곡선형 할인 · 22

[ㅇ]

역선택 · 20
역선택 죽음의 소용돌이(death spiral) · 21
연공급 · 112
연금 민영화 · 101
연금 소득 · 6
연금 수급권 · 6
연금수급연령 · ii
연금 자산 · 6
연금재정의 지속 가능성 · 6
연금 지출 · 6
연기연금 · 67
영세사업장 · 31
예측 시계 · 90
욤 키푸르 전쟁 · 51
위험 기피적 · 13
위험 모으기 · 15
유시민 · 65
유신헌법 · 46
유족보험 · 23
유족연금 · 32
의료보험 · 44
의료보험법 · 52
2종 가입자 · 47
이행 · 102
인공지능 · 125
인구 고령화 · i
인구 구조 · 74
일반수급연령 · 34
일본 국민연금 · 58
일시금 · 32
1종 가입자 · 47
임금피크제 · 113
임의가입 · 18
임의가입자 · 29
임의계속가입자 · 29

[ㅈ]
자동안정화 장치 · 100
자동조정장치 · 100
자살률 · 4
자영자 · 47
장애보험 · 23
장애연금 · 32
장제부조 · 32
재무적 위험 · 13
재정계산 · 7
재정안정화 · 59
재직자노령연금 · 49
저축 · 14
저출산 대응정책 · 115
적립식 개인계좌제도 · 73
적립식 제도 · 23
적정성 견해 · 50
전두환 · 54
정년 · 112
정보 비대칭 · 20
정부저축 · 44
조기노령연금 · 38, 62
주택연금 · 120
준조세 · 80
중화학공업화 · 45
즉시연금 · 14
지급률(accrual rate) · 23, 37
지역가입자 · 29

[ㅊ]
청년 일자리 · 114
체계적 위험 · 15
출산율 · 87
충당부채 · 102

[ㅋ]
크레딧제도 · 67

[ㅌ]
퇴직금 · 55
퇴직연금 · 19
특수직역연금 · i
특이 위험 · 15

[ㅍ]
평균 실효세율 · 98
프리미엄연금 · 73

[ㅎ]
한계세율 · 98
한국개발연구원 · 44
현재 편향 · 22
형평성 견해 · 50
확정급여 · 24
확정기여 · 24
후생연금 · 49